JN076707

ピア・ラーニング入門
創造的な学びのデザインのために

改訂版

池田玲子・舘岡洋子

ひつじ書房

はじめに

筆者である私たちは、日本語教育の実践をしながら同時にこれを研究してきました。私たちは日々の教育実践の中で起きるさまざまな問題の解決と、今の授業をさらに活性化するためのよりよい方法を見出すことを目指して実践研究を続けてきました。池田は実践の現場でよりよい作文授業のために試行錯誤を重ねる中で、協働の概念に支えられた「協働学習」に出合いました。早速自分の日本語クラスでピア・レスポンスを実践し始め、同時にピア・ラーニングについての実践研究もしてきました。一方、舘岡はプロトコル分析という形で読解過程の研究を進める中で、ひとりで行っている自問自答を他者にむけて、授業の中で実践することを考え始めました。それをピア・リーディングと名づけ、読解における協働学習を実践してきました。実践から研究へ進んだ者と研究から実践へ進んだ者が一緒にピア・ラーニングについて議論しながらこの本を書きました。その意味で、本書は実践と研究が一体となったものであるといえます。

本書は、ピア・ラーニングに興味関心をもたれた日本語教師やこれから日本語教育を始めようとする方々のために、私たちが協働学習をどう理解し、日本語教室でのピア・ラーニングをどのように実践してきたのかについてまとめたものです。本書は日本語教育の協働学習の最初の段階の参考書として読んでいただけることを期待します。

なお、本書のタイトルにある「ピア・ラーニング」とは、学習仲間(peer)同士で学び合う学習の呼び名です。「協働学習」と同じ意味だと言ってもいいのですが、協働学習というと背景や対象者、教育の場など極めて広い領域の学習が含まれますので、ここでの話題の焦点を明確にするために、本書では教室の学習場面に絞った仲間同士の協働学習のことをピア・ラーニングと呼ぶことにします。

さて、初版刊行当時2007年頃にはさまざまな場面で「協同」「協働」、「協調」、「コラボレーション」の言葉を目にするようになってきた時期でした。なかでも「協働」については「協働の時代だ」とまで言われるほど、この言葉に注目が集まってきはじめたと感じられました。しかし、あれから15年が経ち、「協働」「コラボレーション」はすでに日常用語のようになっています。「協働的に進める」、「〜とコラボする」と使っても、もう注釈などは不要でしょう。では、「ピア」という言葉はどうでしょうか。アカデミックなところでは、論文の「ピアレビュー」は以前からありましたが、「ピア・カウンセリング」「ピア・カンファレンス」「ピア・サポート」「ピア・スタッフ」などと、ピアもよく見かける用語となってきています。以前には、ピア〜とつくと教育場面がイメージされがちでしたが、今ではさまざまな社会的場面にも使われるようになり、「ピア」の用語もますます広がりをもったものとなっています。

では、協働やピアはどのような概念として定着しているのでしょうか。たとえば、教育場面における協働を考えてみれば、学習課題に取り組むとき、一人だけで考えるよりも2人、2人よりも3人で協力すれば、より速く質の高い結果が出せるだろうということは誰でも予想できることです。つまり、課題の遂行にかかわる人数が増えることにより、合計量が増大するという理解です。また、それぞれの学び手にはどこか不足しているところがあり、お互いが協力することで、その不足部分を互いに補い合うことができるから質が上がるともいえます。ところが「協働」はそれほど単純な「足し算」や「補完の原理」を説明するだけの言葉ではなく、学び手それぞれがもつ背景や知識・情報の異なりがあり、その異なり同士が協働することで、だれももっていなかった「創造」が新たに生み出されるところにこそ大きな意味や価値があるのです。

日本語教育では、本書の初版刊行当時からすれば、今はもう実践者や研究者たちに協働学習（ピア・ラーニング）は広く周知されています。研究発表や報告書の中にも「ピア」や「協働」の文字がよく見られます。2010年には日本（東京）に「協働実践研究会」（http://kyodo-jissen-kenkyukai.com/）が設立されました。筆者ら（池田・舘岡）を含む協働実践研究会のコアメンバーたちは、この研究会を拠点として国内外に広がる日本語教育の現場に直接足を運び、教師研修などの場を通じて協働学習の必要性を訴え、現地の教師のための学びの拠点づくりの働きかけをしてきました。2022年の現在では、協働実践研究会（日本）の会員数も多くなり（約430名）、海外拠点もアジアを中心として10数拠点にまで拡大しています。

本書は、日本語教師をめざしている方に手にしてほしい本なのですが、他にも、これまで教育現場で教えてこられた方が、これからピア・ラーニングに取り組んでみようと思われたとき、あるいは、すでにピア・ラーニングを実践しているのだけれど、このあたりで自分自身の実践を客観的に振り返ってみようと思われたときにも読んでいただきたい本です。本書の初版（2007年）を読まれた方にとっては、すでに15年を経た初版本を今読むと違和感をもつ箇所がいくらかあるのではないでしょうか。なぜならば、この間に協働と協働学習、ピア・ラーニングは、社会や教育世界にかなり浸透してきたからです。そこで、この改訂版では、これまで私たちが協働学習やピア・ラーニングについて考えてきたことを整理し、さらに、できるだけ実際の教育現場での理解と実践の現状を踏まえて、細かい修正と新たな章も加え、次のような内容で構成しました。

第1章から第3章までが理論編、第4章と第5章が教室実践編です。ここまでは初版本の章を残した上で内容の修正を加えています。さらに、この改訂版では、新たに第6章を加えました。第6章ではピア・ラーニングが実践できる教師の養成や研修を扱っています。各章の中は、まず、第1章でピア・ラーニングの理論的基盤となる「協働」の概念について解説します。これまでいくつかの分野での協働の定義として提示されたものを紹介した上で、協働の要素とは何かについて考察してみます。次に、第2章で協働が現代社会の中で教育以外のところではどう実現されているか、いくつか実例を取り上げます。そこから話を教育分野へ移し、第3章では心理学や教育学の視点から協働学習、ピア・ラーニングを捉えていきます。後半の第4章、第5章では筆者である私たちのピア・ラーニングの実践を具体的に記述しました。私たちがピア・ラーニングを教室の学習活動としてどのようにデザインし実践してきたのかを解説します。第4章で日本語作文学習のピア・レスポンス、第5章で日本語読解学習のピア・リーディングのためのデザインポイントや実施事例、実施上の留意点などについてご紹介します。最後に第6章では、ピア・ラーニングを実践していく日本語教師をどう養成していくのか、また、現職教師のための研修を協働の概念に基づくならばどう行っていくのかについて解説しています。

池田玲子

謝辞

私たち2人が本書を執筆することになった直接のきっかけは、ひつじ書房の松本さんの勧めの言葉でした。私たちはこれまでピア・ラーニングの研究発表、公開講座、教師研修の場において、そこに参加してくださった多くの方々から協働や協働学習（ピア・ラーニング）に関する貴重な質問やコメントをいただきました。また、この改訂版では、初版当時の編集者の青山さんにひきつづき、今回の改稿の編集担当者となられた丹野さんには細かいところまで丁寧にコメントしていただきました。私たちの研究仲間からも原稿を読んでいろいろと助言をもらいました。

こうした多くの方々の温かいご協力があって本書を出版することができました。皆様に心より感謝の意を表します。

池田玲子・舘岡洋子

目 次

第1章　協働とは

ピア・ラーニングの考え方の基盤には協働の概念があります。では、協働の概念とはどのようなものなのでしょうか。「協働」は、日本では2000年あたりから広く知られるようになり、この用語の定義や意義についての議論だけでなく、この概念に基づく具体的な試みも次々と起きていました。

森川(2002)によれば、日本で協働が単に共同研究や合作などの意味合いでなく特別の意味で使われるようになったきっかけは、70年代の現代アートにおいて異分野間の協働作業に対し「コラボレーション」と呼んだのに始まったといいます。しかし、実際にはこれより遡ること大正期において、すでに協働の考え方に基づいた具体的な社会活動があったという興味深い記録もあります(小野1994)。しかも、2000年あたりの日本で活発化した「協働による地域づくり(まちづくり」の活動は、この大正期の協働と大いに重なる部分があるのです。

教育分野を見ると、1950年以降の日本の学校教育に「集団学習」や「バズ学習」と呼ばれるものがありました。中でも塩田芳久が開発した「バズ学習」は、当時の学校教育において実践が図られたようです(日本協同教育学会2019: 7)。この「バズ学習」の流れを受けて1990年代に「協同学習」と改名して現在に至っています。当時「協同学習」は、「競争学習」に対する批判から新たな教育のあり方として打ち出されたものでした。その後、1999年に行われた日本認知科学会において「協同」に関する研究に対し大きな反響があり、以来この研究テーマの領域が急速に発展し、新たな領域として確立していきます。認知科学や教育界だけでなく、情報科学、コミュニケーション研究、政策や国際協力、さらには経営学の分野でも「協同」、「協働」は新しい概念として取り挙げられていきます。

本章では、ピア・ラーニングの基盤概念である「協働」について、いくつかの異なる分野や異なる文脈での意味解釈を概観してみます。これまでに出されてきた協働の定義や協働のキーワードにはどのようなものが挙げられているのか、また、協働が具現化されたものについても見てみます。その上で日本語教育において協働はどのような概念で捉えられるのかについて考えていきます。

1.1　協働の定義

これまで「協同」「共同」「協調」「きょうどう」「コラボレーション」「コーボレーション」など、「協働」とは異なる表記や類似した意味をもつ語が、さまざまな場面で用いられてきました。中でも教育分野では「協働」「協同」[1]あるいは「コラボレーション」、「協調」がとくによく使われています。最近では「協力」「探究」も意味が近いようです。こうした表記や語の意味の微妙な違いについては、同一分野の中でも統一されてはいません。また「きょうどう」の表記と概念についても明確な対応関係を打ち出したものは少ないです[2]。したがって、今のところ、「きょうどう」については同一表記だからといって共通の意味解釈ができるとはかぎりません。本章ではこうした表記の違いにかかわらず、「きょうどう」について論じられているものをもとに、その定義や概念要素の違いを探っていくことにします。

なお、本書では「協働」の表記を中心に使用しますが、引用するものについては原則として原書の表記をそのまま使用します。

では、まずこれまでに見られる協働の定義を、できるだけ異なる分野の中から挙げてみます。

1）【認知科学】

各成員は異なる役割を担い、個々の能力を発揮する。さらに構成員の努力した結果が、相互作用によって、構成員個々の成果の総計以上のものになる。　（Lepper and Whitemore 2000: 4）

個人のもつ知識、情報、意思、選好などのマイクロなインプットが集団決定、集団解、集団遂行などのマクロなアウトプットに変換される社会的メカニズムこそ、協同行為の本質部分。　（亀田 2000: 53）

2）【情報科学】

何かを生み出す目的をもった人間のかかわりである。すなわち、価値を創造してそれを共有するプロセスであり、言い直すと、互いに補う技能をもつ複数の人々が一人では到達できない互いに理解される共有の場をもつ価値創造のプロセス。　（松下・岡田編 1995: 10）

3）【政治・政策】

住民自治（市民自治）に立脚した、協働関係を形成していくためには、①「共通の目的の認識と達成」―地域社会を運営していく上での制作的な共通の目的を相互に認識し、その達成のための方向性を理解しておくこと、②「透過性」―住民（市民）と行政は地域社会運営上の同じ立場にあること、③「自己責任性」―住民（市民）と行政は自らの活動に対して責任をもち、それを明らかにしていくこと、④「相互作用性と相互批判性」―住民（市民）―行政間に多種多少な価値観が存在しすることを相互に認め、その考え方を自由に批判し合うこと。　（松野 2004: 325–326）

協働をパートナーシップといった主体間の関係だけに限定せず、主体それぞれよりもそれらが関係をもつことによって、新たな何かを生産するという視点を含めて理解しあえる。ローカル・ガバナンスを踏まえると、協働はコプロダクションとしてアクター間の関係を再考することを前提としていると理解することができる。　（江藤 2004: 12）

4）【国際関係】

協働的問題解決の最終目標は、行為者の側面においては当事者の“自己変革”(personal transformation)、相互作用過程の側面においては“協働的関係づくり”(collaborative relationship building)、と表現できる。
（名嘉 2002: 53）

5）【経営学】

真のコラボレーションは、組織からではなく、個人の内面から始まる。真のコラボレーションとは、我々がここでグリーン・ゾーンと呼ぶ意図的な姿勢に立つことから始まる（この反対はレッド・ゾーンである)。
（ジェームス・ロナルド 2005: 9）

プロセスパラダイムの環境下で、すべてのものが動き出すということは、刻々と変化する状況の仲で、互いに協働したり、支援したりしながら解決することが求められる。ここでは誰が下であるかというような固定的な概念・手続きは邪魔でしかない。大体相手にしてあげられるかしてあげられないかは、そのプレーヤー主体が決めるのである。
（舘岡 2006: 144）

6）【コミュニケーション】

作業のプロセスそのものが、参加者同士、お互いに理解、啓発、刺激のし合い、自己実現の場ともなり、参加した全員がある程度の達成感や満足感を得られる、さらには相互の信頼関係も生まれるという相乗効果を生むもの。
（野沢 2004: 89）

7）【教育】

協同的な計画はグループのメンバー自身によってつくられているので、その基礎には責任感の分かち合いと相互作用の裏打ちがある。協同的な計画は、生徒たちの積極的な相互関係を進展させるための、まさによい機会なのである。　　　　　（シャラン・シャラン 2001: 56）

協同の原理とは、学びの営みに参加する人たち相互の信頼関係を背景に、互いの学びを支え合い、共に高まることを目的にした学習活動を生起・促進させる働きかけ。
（日本協同教育学会HP　https://jasce.jp/1011aisatu.php　2022年7月23日）

相互の関係上の側面においてともに学ぶパートナーであるピアがもちうる特質としては「互恵性」「対等性」「自発性」をあげることができるでしょう。　　　　　（中谷・伊藤編 2013: 3）

「学びの共同体」は「協同的学び」であり、尊厳、信頼、互恵、共同体の４つの規範を特徴としている。　　　　　（佐藤 2021: 69）

このように、協働の定義はさまざまなのですが、こうした多様な定義の中にも共通した概念要素があると主張する人もいます。

臨床心理学のヘイズら（2001）は、協働の原則として①相互性、②目標の共有、③リソースの共有、④広い展望をもつこと、⑤対話、の５つと、協働の結果（成果）としての「更新」と「専門性の向上」という要素を挙げています。また、アメリカの協同学習の代表的な存在であるジョンソンら（D.Johnson and R. Johnson）は、協同学習について５つの基本要素を挙げています。①互恵的な相互依存性、②学習者同士が顔をあわせて行う励ましあい、③個人の学習責任、④集団に関する社会的技能、⑤共同活動評価、の５つです（ジョンソン・ジョンソン 2005: 31–33）。日本の学校教育において協同学習を提唱する杉江は、「協同」「参加」「成就」が学びを進める学習の３要素だとしています。佐藤（2021）は、日本では教育心理学において cooperative learning を「協同的学び」と訳し、collaborative learning を「協調的学び」あるいは「協働的学び」と訳して差異化してきたが、cooperative learningは「協力的学び」と訳し、collaborative learningを「協同的学び」と訳すのが妥当だと指摘しています。「協力的学びは」グループ学習の様式であり、「協同的学び」は理論として普及しているものだと述べています(pp.165–166)。

私は、日本語教育における協働学習については、グローバル社会の構成員育成の観点から捉え、多文化共生のための日本語教育という目標を掲げたものとしてあるべきだと考えています。この考えのもとに、私は日本語教育の協働には5つの要素「対等」「対話」「プロセス」「創造」「互恵性」の重要性を主張します。

第1の要素とした「対等」については、他分野の定義の中にも「互いに補う技能をもつ(松下・岡田編 1995)」のように類似した表現がみられます。文化や価値観の異なる者同士が協働するための前提条件として、参加者が互いの存在を尊重する必要があります。異なる各自がもつ尺度で、あるいは既存の尺度で互いの優劣を測ることはできません。相手は自分がもっていない情報、知識、能力、価値観をもつ存在だからです。第二言語教育としての日本語教育は、異文化同士が互いの違いを認め合い、受け入れ、両者が発展的に共存する社会の構成員となるために協働して日本社会を創造していく人材の育成を担うからです。

第2の要素である「対話」は、協働を展開するための手段となります。対話によって協働の主体同士は自分自身を外化し、可視化することで初めて互いを理解し合うことができます。対話による相互理解は、他者との社会的関係を築き、その関係性の中で人は自己の課題と他者の課題を共有し協力的に解決していきます。つまり、対話は異なる者同士が理解し合うために必要な手段なのです。しかし、他者に向けた対話が、ときには同時に自身に向くこともあります。対話の過程に起きる気づきや発想が協働を豊かにし発展させていくと考えます。このような対話の時間軸を「プロセス」と捉え、協働の第3の要素とします。第4の要素に挙げる「創造」とは、協働の営みが目指すべき目標であり、協働の成果ともいえます。他分野の定義にもあるように、協働が生み出す「創造」は「構成員の成果の創造以上のもの（Lepper and Whitemore 2000: 4）であり、「価値創造のプロセス（松下・岡田編 1995: 10）」そのもの、「相乗効果を生むもの（野沢 2004: 89）」と重なるものです。協働することの最大の意義は、参加者が協働に参加する以前にはもち得なかったものが得られることと、その拡大した自分の領域と他者のそれとが協働してさらに新たに共有領域を創り出せることではないでしょうか。第5の要素は「互恵性」です。協働する主体同士にとって、拡大した共有領域は必ず互いにとって有用性があり意義をもつものであると考えられます。

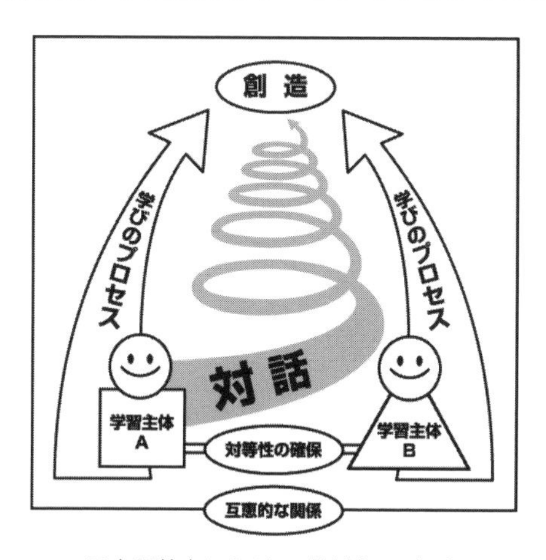

日本語教育における「協働」の概念

以上のように、私はこれまで日本語教育の協働を、異なる文化背景の中で培われた学習者それぞれの知識・情報や文化性、価値観が、互いの間で改めて価値付けられるものと考えています。そして、協働する主体はそれぞれが自己拡大すると同時に、互いが安全・安心に、そして発展的に共存するための新たな共生社会を構築するのだと考えています。

日本語教育では、すでにピア・レスポンスやピア・リーディング、ピア・内省活動、ピア・モニタリング、ケース学習など協働学習の理念に基づく具体的な学習活動が開発されてきました。また、多言語多文化社会の日本語教育をどう実践するかを課題として、実習生同士の協働による日本語教育実習プログラムの研究も進められてきました(岡崎 2000 他)。対話による教師研修を提唱する試みもあります(舘岡 2021)。外国人児童生徒の教育について協働の取り組みの実践報告もあります。これは外国人児童生徒の日本語学習研究を行う研究チームと学校現場の教員や児童の家庭や地域との異分野協働の取り組みの研究です(齋藤 2005)。さらに、ケース学習は、グローバル人材育成が急務となる中で日本語ビジネスコミュニケーション教育において、協働の概念に基づく教育のあり方として開発されたものです(近藤・金 2010、近藤・金・池田 2015 他)。第 2 章からは、このような協働学習の具体例をいくつか紹介します。なお、ピア・レスポンスやピア・リーディングの詳細については、本書の第 4 章、第 5 章にそれぞれ詳しく述べます。

1.2　市民協働の原点

「協働」の表記を調べてみると、古くは大正期の地方行政史の中に見つけられます。このころ、「貧困救済制度(福祉制度)」の理論的根拠として「公私協働」の概念が用いられていました。小野(1994)によれば、岡山の「救済顧問」、大阪の「救済委員」、横浜では「方面委員」の各制度が導入され、それらはみな公と民とがそれぞれ異なる役割を担って取り組む「協働」の考え方が基盤となっていたのです。この流れはやがて、民間と公とが協働する支援制度としての「民生委員制度」となり、さらには自律的な市民団体活動へと展開していくことになります。

このような市民協働の経緯を分析してみると、ここには 2 つの協働のレベルがあるようです。第 1 は市民層での協働です。社会的構造からみれば、行政の下にある市民層に起きる協働といえます。最初は少人数の市民間の相互作用から始まり、やがて自律的で双方向的な市民組織化へと発展し、さらにその次の段階にはもう一方の公的組織との対等性を獲得する第 2 レベルの協働へと進みます。近年の地域社会についての話題の中で扱われる協働は、この大正期の協働の概念が原点にあるといえます。

1.3　まちづくりと協働

90年代あたりの日本では、まちづくりの話題に協働の考え方が用いられることが多くなりました。協働への注目は、これまで地域社会が「官の論理」によって行政主導で一方的に強制されてきたことに対する批判から生まれた、というのが一般的見解のようです。旧来の社会システムに生じるさまざまな問題の解決を見出そうとするときに、協働の概念がその可能性をもつと多くの人が認めたということでしょう。

協働による地域の運営とは、単に市民の意見を行政が採用するというだけのものにとどまりません。市民自らが発案、企画、そして実施までの一連の過程の全てに関与するために市民を明確に位置づけていくシステムなのです。これまでにも行政と市民との「連携」という概念が注目され、両者が互いの声を聞くというところまでの変革はありました。しかし、この段階では協働というまでには至っていません。連携段階とは、実際には行政側に最終決定権や主導権がある段階のことで、協働の前段階を意味しているといえます。そこで、こうした連携体制には、やがて不満や批判的議論が高まり、その結果、新たに登場するのが協働なのです。

この協働によるまちづくりでは、市民側からの自発的な意思表明、それに続く市民間の連帯が形成され、その連帯による勢力がひとつの方向性をもった発案を行ったとき、行政側との対等な関係が成立します。そして、両者が地域の発展を共に考える目的でかかわり合い、協働のまちづくりの過程を作り出すことになります。協働にかかわる主体はすべてが責任を負担し、互いに成果を共有することになります。日本ではこうした協働のまちづくりの事例がいくつかみられます。

1.4　学校教育と協働

日本の学校教育においても協働の議論は盛んになっています。学校教育の協働は、大きく捉えると2つの側面があるようです。ひとつは、学校運営のあり方を議論するときに言及される協働です。そして、もうひとつは、教授方法の話題に用いられる協働です。

以下では、この2つの協働について、それぞれどのような意味をもって実現されてきたのかを見ていきたいと思います。

1.4.1　学校と家庭および地域社会の協働

2000年あたりの日本では、地域の教育改革を唱える機運が高まってきました。その焦点のひとつには、学校と家庭の分業論に対する問題提起があります。これは、現在の学校の実態から、学校と家庭との関係があまりに分断されてしまっていることが、子どもたちの世界に悪影響を及ぼしているのではないかという批判です。この問題の議論の中で、池田寛(2000)は協働論を提唱しています。家庭と学校とがもっと積極的に話し合いの機会をもつことの重要性を主張しています。

従来言われてきた「学校と家庭とが話し合う場」の実現は、すでに学校での父母会などの形で対話の場がもたれてきました。しかし、話し合いに臨む家族の態度はといえば、その場で決定されたことを、ただ連絡事項としてそれぞれの家庭に「持ち帰る」だけのものになってしまっているという批判があります。池田寛(2000)の主張は、子どもの家庭はこうした受身の態度を改め、それぞれの家庭から子どもに関する情報や地域の情報を持ち寄って話し合いの場に臨むべきだと言うのです。つまり、学校と家庭とは互いに子どもをどうするかの課題を共有し、その解決のために対等な立場で協働するものだという主張です。池田の言う協働は、学校側からの呼びかけによる「連携」を超えた関係性を意味しています。池田は連携と協働との違いを非常に明確に比較対照しています。池田のモデルを次ページに引用してみます。

表1　組織における連携と協働

	連携モデル	協働モデル
開始あるいは着手のプロセス	組織Xは課題達成の際に組織Yに援助や許容や連携を求める。Yに期待されるのは最小限の資源的貢献である。Xは課題を達成し成果を生み出すが、それはYとの連携の副産物としてである。	組織XとYはプランについて合意し、力を合わせ、共有された成果やサービスの実行に取り組む。組織は目標や計画された結果や成果について合意する。
制度的焦点／主体性	Xは資源や専門知識を提供し、Yはその利用法や場を提供する。Xはしばしば資金を調達したり、Yの貢献に対して金を払うことがある。	双方の組織がスタッフや資源や能力についての貢献を行う。相互の資金調達が行われる。
	コントロールは互いの個々の組織に委ねられ続ける。組織の一つが指導性を発揮するというのがその特徴である。	共通した相互のコントロールが行われ、指導性が分散されるか権限が委任されるという特徴がある。
過程が備えるべき必要条件／特性	Xはコミュニケーションの性質を決定し、情報をYに伝え、Yからの要請に応じる。	コミュニケーションによる相互作用と役割が確立される。コミュニケーションのチャンネルとレベルが明確化される。
	XはYからの許可を得てプロジェクトの大半の活動を執り行う。	両組織が時間とエネルギーを使う。双方からの専門知識／行為の提供が行われる。
成果	組織過程において“我々／彼ら”モデルが展開する。	“我々”モデルが展開する。
	成果あるいはサービスは本質的にXによって生み出され、Yはそれを活用しXの活動から利益を得ることができる。	成果やサービスについての共有化が生じる。もしXとYが別々の期間として課題に取り組んだら、それは達成されないものである。

池田寛（2002: 35）から作成

表1からわかるように、連携におけるXとYの関係には対等性は保障されていませんが、協働のXとYは対等です。互いが対等であって初めて学校と家庭の話し合いの場は、「情報交換・連携調整」→「相互補完」へと進み、次なる段階として「協働」が実現できるのです。相互補完を超えた協働では、参加者それぞれに協働の受益がもたらされ、しかも対等な両者間の議論を通して新たな解決策を生み出す可能性があります。これが協働の特長だということが分かります。

1.4.2　学校教育の協同学習

「教育のパラダイムシフト」は世界的な潮流となって、人間の本来の学びとは何かを見直そうというところから始まりました。そして、この学びについての問い直しに、協働の概念が大きくかかわっています。

日本を含むアジアの教育のほとんどは、長く教師主導の一斉授業で講義形式のものでした。今もこの伝統的な教育のあり方は、アジアの各地に、また日本の教育の中にも根強く残っています。一斉授業とは、学習項目・内容として予め用意された知識体系を、教師ができるだけ効率よくどの学習者にも正確に伝達する目的をもって行われる教育です。学習者同士を互いに競争させることで、その効率を上げようとするのもひとつの手段でした。しかし、こうした一斉授業や競争的学習方法については、常に批判がなされてきました。批判の内容は、競争は学び手自身の思考活動を無視した一方的な知識注入の教育でしかなく、受身の学習を強制するがために、学習者の想像力の発達は阻まれるなどです。そもそも人間の文化は競争によって作られてきたものではないので、競争によって本来育成されるべき社会性の発達に悪影響があるとも指摘されました。こうした批判にもかかわらず、学校教育の現場では依然として一斉授業が主流となっていました。しかし同時に、新たな提案として学び合いの教育を掲げる「協同学習」も一部にありました。しかし、これは教育界に大きなうねりを起こすものではありませんでした。では、このときに提案された協同学習とは、どのようなものだったのでしょうか。

以下では、協同学習が近年に至ってどのような展開をしてきたのかについて簡単にまとめてみます。

【競争と協同】

杉江(1999)によれば、日本の大正期の小学校教育には、集団目標構造の観点から協同の本質的な意義を唱えた教育論があったとしています(pp.64–68)。また、1950年代あたりからは、協同学習についての実証的な研究も進められていました。協同と競争は教育においてどちらが効果的なのか、どのような条件において協同が良い結果を生むのかという観点からの研究でした。そこから明らかにされた結果はさまざまで、概して協同が効果的だという結果もあれば、反対に競争との差はほとんど見られないという結果もありました。また、ある特定の条件においては協同が有効だったという結果もあります。

1960年代、1970年代の後半には、競争教育に対する批判が高まる中で、片岡・南本(1979)は競争教育を「排他的協同」の教育実践だと称し、これに対する学習として「協同学習」を主張しています。片岡らの言う協同は、「人と人とが力を合わせて目的を達成する協同(1979: 162)」と定義されています。ここでは、競争か協同かについて4つの行動型(図1)が提示されてい

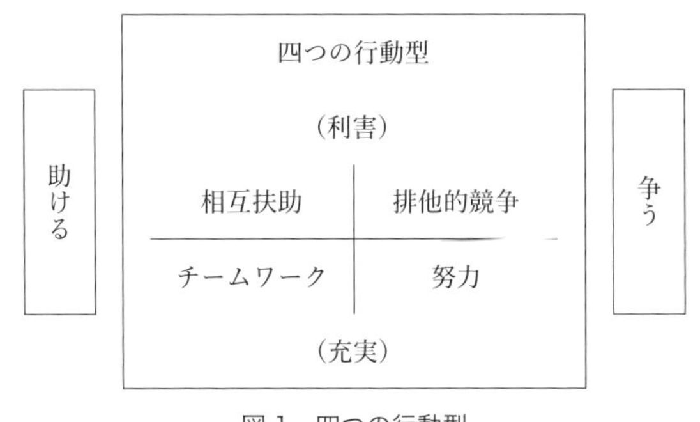

図1　四つの行動型

片岡・南本(1979: 15)

ます。人と人との関係が支援関係か、争う関係なのか、またその行動が世間的な利害にあるか、内面的な充実にあるかによって、排他的であったり相互扶助的であったりすることを示しています。

片岡らは、これまで協同と競争について実証的に研究されたものを考察し、「競争か協同かは利害（生産性）の上ではその目標や種類によるので、どちらが良いかという判断は容易ではない。しかし、学習意欲については、協同がいつも良い結果を得ている」と結論づけています。そして、彼らはこうした協同学習に関する実証的研究の結果から、協同学習の効果を次のようにまとめています。

1）学習成績の上位の者が犠牲になることなく、「落ちこぼれ」がちな子どもの学力を引き上げる。
2）学習のしかたを身につける。
3）学習意欲がつねに高い。
4）学級の人間関係を緊密にする。

ここでの協同学習の提案は、競争教育を全面的に否定するものではなく、この当時の競争教育への極端な偏りに対し、協同学習を行うことでバランスを取り戻そうという意図をもったものでした。

片岡ら以前にも、協働の理念をもつ学習理論とその実践の提案はありました。塩田は1962年に「バズ学習」と呼ばれる学び合いの学習方法を提案しています。なお、バズ学習については、2章の2.3で解説します。このバズ学習も協同学習と同様の理念をもつ学習方法だと考えられます。当時、協同学習の発展を阻んだものは、産業界の基盤理念としてあった競争原理だと言われています。実際、競争原理はまさにこの当時の日本社会全体に対して多大な影響力がありました。また、もともと受験戦争を成功体験としてもつ学校の教師たちにとって、競争の方が協同よりも支持しやすいものだったのでしょう。

【再び協同学習】

2000 年代に入り協同学習への関心が高まりを見せたのは、教育研究の分野から純粋に沸き起こったものというよりは、教育を取り巻く社会全体の変化と、人の認知についての研究成果をもとにパラダイムシフトが起きたとも考えられます。

協同学習は、主にデューイの教育理論を基盤としています。この協同学習は、日本で独自に開発されてきたバズ学習に原型をもちながらも、もう一方ではアメリカで急速に浸透しつつあるジョンソン&ジョンソン、シャラン、あるいはケーガンといった代表的な協同学習研究者の研究・実践とも深く通じています。この時期から、日本の協同学習は近年の極めて広い領域で起きているパラダイムシフトの中で、全国的規模の動きとなりました。しかも、これまで協同学習といえば、小学校教育や中学校教育が対象だったものが、大学教育や外国語教育などさまざまな教育の場においても波及しました。2012 年には文部科学省が大学教育に打ち出した新たな教育のキーワードは「アクティブラーニング」でした。このアクティブラーニングの教育改革の動きは、大学から高校、そして中学、小学校へと波及することになります。このアクティブラーニングの議論の中で改めて協同学習、協働学習の位置づけが議論されることになったのです(松下佳代・京都大学高等教育研究開発推進センター編 2016)。

なお、本書が対象とする第二言語としての日本語教育における協働については、第 3 章以降に詳しく述べますので、ここでの解説は省略します。

1.5　本章のまとめ

協働の定義や概念要素を見ても、協働の具体化されたものを見ても、協働の意味解釈を統一することが難しいことがわかります。というよりも、いくつかの要素をもつ協働の概念自体が現実の社会の中で具現化する場合、創造的で発展の可能性を常に備えもつものであるがゆえに、多様な背景にある協働を、あえてその概念や定義を統一する必要性がないのかもしれません。しかし、逆に協働の意味を具体から捉えてみると、そこには2つの姿が浮かび上がります。ひとつには、トップダウンだった制度や仕組みが、対等な関係性を前提とするものへと転換してきた姿です。この例は市民と行政との関係や教育における教師と学習者の関係に見られるものです。もうひとつは、異なる立場同士は元来、完全には理解し合えない分離状態にあるという考え方から、互いの違いを受け入れ理解し統合していく考え方への転換です。たとえば、異業種協働、異分野協働、異文化統合、多文化共生がそれに当たるでしょう。この2つの協働の経緯は協働の取り組み方を生み出し、新たな協働のプロセスのとその意義を明らかにしつつあります。

考えてみると、日本語教育はこの2つの協働のどちらにも当てはまる側面をもっています。第1は、ノンネイティブの学習者に対し目標言語の文化(日本文化)への同化要請の目的をもつ日本語教育から、多文化共生のための日本語教育への転換です。第2は、教育全体のパラダイムシフトの中で、学びとは何かという学習そのものの捉え方の転換にあります。つまり、従来のような教師による知識伝達から、学習が主体的に他者との社会的相互交流を通じて創造的学習を行う考え方への転換です。日本語教育の中にはまさにこの2つのレベルの協働が実現できる可能性があるといえるのではないでしょうか。

注

1　学校教育の実践を話題にする中では「協同」がよく見られるが、学習研究では「協調学習」という用語が使われることもある。

2　関田・安永(2005)は、「共同研究や協調作業の過程でも学習者は協同の意義や技能を結果として学ぶことはあるだろうが、はじめからそれを意図するなら、協調学習ではなく協同学習と表記するのが妥当だと考える。逆に、協同学習の意図や条件に囚われず、緩やかな協力関係の下での学習活動を想像するなら、その取り組みは共同学習あるいは協調学習とはせず、たとえば参加者の協働を重視する学習活動という具合に活動の様態を記述する用語として用いたい」と述べている。

参考文献

池田寛（2000）『地域の教育改革―学校と協働する教育コミュニティ』解放出版社.
池田寛（2002）『教育コミュニティ・ハンドブック―地域と学校のつながりと協働を求めて』解放出版社.
江藤俊昭（2004）『協働型議会の構想―ローカル・ガバナンス構築のための一手法』信山社.
岡崎眸（2000–2005）『多言語多文化社会を切り開く日本語教育と教員養成に関する研究』科学研究費補助金研究　基盤B－2　研究成果報告書（実践編）研究代表者　岡崎眸
小野修三（1994）『公私の協働の発端―大正期社会政史研究』時潮社.
片岡徳雄・南本長穂（1979）『競争と協同―その教育的調和をめざして』黎明書房.
亀田達也（2000）「協同行為と相互作用―構造的視点による検討」植田一博・岡田猛編著『協同の知を探る―創造的コラボレーションの認知科学』共立出版.
近藤彩・金孝卿（2010）「ケース活動における学びの実態―ビジネス上のコンフリクトの教材化に向けて」『日本言語文化研究会論集』6　国際交流基金・政策研究大学院大学.
近藤彩・金孝卿・池田玲子（2015）『ビジネスコミュニケーションのためのケース学習―職場のダイバーシティで学び合う』【解説編】ココ出版.
齋藤ひろみ（2005）『実践者と研究者の協働による実践・研究の試み』外国人児童生徒の日本語及び教科学習に関する研究プロジェクト報告書　東京学芸大学国際教育センター.
佐藤学（2021）『学びの共同体の創造―探求と協同へ』小学館.
ジェームス, W. タム・ロナルド, J. リュエット（斉藤彰悟監訳・池田絵美訳）（2005）『コラボレーションの極意』春秋社.
シャラン, Y.・シャラン, S.（石田裕久・杉江修治・伊藤篤・伊藤康児訳）（2001）『協同による総合学習の設計―グループ・プロジェクト入門』北大路書房.
ジョンソン, D. W.・ジョンソン, R. T.（関田一彦監訳）（2005）『学生参加型の大学授業―協同学習への実践ガイド』玉川大学出版部.

杉江修治（1999）『バズ学習の研究』風間書房.

関田一彦・安永悟（2005）「協同学習の定義と関連用語の整理」『協同と教育』第 1 号　日本協同教育学会.

舘岡康雄（2006）『利他性の経済学―支援が必然となる時代へ』新曜社.

舘岡洋子（2021）「講師提供型教師研修から対話型教師研修へ―自律的な学び合いコミュニティの創成へ向けて」協働実践研究会・池田玲子編『アジアに広がる日本語教育ピア・ラーニング―協働実践研究のための持続的発展的拠点の構築』pp.63–70. ひつじ書房.

中谷素之・伊藤崇達編著（2013）『ピア・ラーニング―学びあいの心理学』金子書房.

名嘉憲夫（2002）『紛争解決のモードとは何か―協働的問題解決にむけて』世界思想社.

日本協同教育学会編（2019）『日本の協同学習』ナカニシヤ出版.

野沢聡子（2004）『問題解決の交渉学』PHP 研究所.

ヘイズ , R. L.・高岡文子・ブラックマン , L.（2001）「協働（コラボレーション）の意義―学校改革のための学校　大学間パートナーシップ」『現代のエスプリ―学校心理臨床と家族支援』407 号　至文堂.

Lepper, Mark R. and Whitemore, Paul C.（2000）「協同―社会心理学的視点から」植田一博・岡田猛編著『協同の知を探る―創造的コラボレーションの認知科学』共立出版.

松下佳代・京都大学高等教育研究開発推進センター編著（2016）『ディープ・アクティブラーニング』勁草書房.

松下温・岡田謙一編（1995）『コラボレーションとコミュニケーション』共立出版.

松野弘（2004）『地域社会形成の思想と論理―参加・協働・自治』ミネルヴァ書房.

森川澄男（2002）「いじめの問題の予防とコラボレーション―生徒関係の問題と改善」『現代のエスプリ―コラボレーション　協働する臨床の知を求めて』419 号　pp.70–83. 至文堂.

第２章　さまざまな協働の学び

第１章ではピア・ラーニングの考え方である「協働」について、異なるいくつかの分野で扱われている協働の意味解釈を、定義や概念要素をもとに概観してきました。こうした協働の考え方にもとづく協働の実践は、教育分野でもこれまでいくつかの学習方法が開発されてきました。本書の実践編で扱うピア・レスポンスやピア・リーディングなども協働の考え方を基盤とするピア・ラーニングの具体的な活動方法です。

本章では、日本でさまざまな教育現場で行われている学び合いの学習のうち、協働の概念を背景にもつと考えられる例をいくつか取り上げて紹介します。

2.1　対話的問題提起学習

「対話的問題提起学習」は、学び手の現実に起きている問題を学習者自身が教室の学習場面で提起し、仲間同士や学習者と教師との間で対話を重ねていく中でその解決策を探り出していくという学習方法です。

対話的問題提起学習は、ブラジルの識字教育者であるパウロ・フレイレの理論と実践がもとになっています（フレイレ（1990）ほか）。フレイレ（1921–1997）は、ブラジルの抑圧時代（主に 50 年代）に成人識字教育に取り組んだ人です。フレイレは被抑圧者となっていたブラジル国民に対し「書くことの力」を教育によって徹底しようとしました。なぜなら、人は書くという行為によって自分たちが生きている世界を客観的に認識することができ、現実に対し批判的な視点をもって介入することができるからだと考えたからです。フレイレはこうした主体的な現実への対峙の過程を「意識化」と呼びました。この意識化のためにフレイレはもうひとつの行為の重要性も主張しました。それは「対話」です。文字の獲得の過程をしっかり意識化するための条件として「対話」が重要だと主張しました。フレイレは、この対話による学習と学校教育に典型的な知識伝達型の教育とを対比させて説明しています。彼は、従来の教育を「銀行預金型教育」と呼びました。この教育では学習者の頭は知識を詰め込んでいくための空っぽな容器とみなしていると批判しています。これに対し、対話による教育は人が相互主体的に経験や知識、思想を交流し、ともに新たな文化を創造していく過程だと言いました。フレイレは対話によってこそ、人は自己教育と相互教育を実践することができると主張したのです。

フレイレの学習理論は、その後Wallersteinによりアメリカの英語第二言語教育の教室に応用されます。Wallersteinは、主に南米からの移民を対象とし、フレイレの理論に基づく「対話的問題提起学習」を開発しました。移民たちがアメリカでの新たな生活を送っていく上で生じる困難や課題を、第二言語教室の授業で直接扱うものです。この学習は、生活の手段としての英語の獲得だけでなく、言語学習を通して社会的能力の獲得を目指して考案されたものです(Wallerstein 1983)。

このWallersteinの対話的問題提起学習は日本語教育にも応用されました。岡崎・西川(1993)は自律的学習方法として提案しました。Wallersteinの対話のステップにそって、学習者が問題提起した問題をめぐり、学習者と教師、学習者同士、学習者と教室外の支援者とが対話を重ねていく方法です。学習者同士が人的リソースとなる問題解決のプロセスの中で、対話を通じてともに自己拡大していくことが目指されています。岡崎(1996)は、対話のステップにそって進める日本語教室のための「対話的問題提起学習」を提案しました。

対話のステップ

1) ここにどんなことが書いてあるか、誰が、何故、どんなことをしたか。

2) a)作者(つまりこの文章の書き手)はこのことについてどんなことを感じたか作者自身が表明する。

b) それを聞いて聞き手（ペアの相手）はどう感じたか。
c) 作者・聞き手の感じ方の違いは何か。
3)　a) 聞き手に似たような経験はないか。
b) 学習者つまり聞き手が作者の立場であったらどう行動しただろうか。
c) 聞き手の答えを聞いて作者はどう考えさせられたか。

（岡崎 1996: 18）

このような対話活動の後に個人の考察を書く学習活動へと展開させていきます。岡崎は、日本人大学生と留学生との組み合わせによる実践について報告しています。

他にも、多文化多言語社会を目指す日本語教育の方法として、地域の外国人と日本人とがともに学ぶ教室の実践があります（岡崎・岡崎 2001）。この日本語教室では、日本語の形を習得することが主たる目的ではなく、学習者自身が抱える現実の問題について、日本人を含む多文化背景の参加者同士が問題解のために対話を重ね、互いにとってより住みやすい共存コミュニティの創造をしていきます。つまり、この教室での学習目的は、共生言語としての日本語の対話を通じて現実に起きた問題の解決と、対話の参加者同士の社会的関係の構築だといえます。

私も岡崎・岡崎（2001）の実践方法をもとに、大学の日本語クラスや異文化コミュニケーションの授業で、この対話的問題提起学習を実践してきました。私の授業では、日本人大学生と留学生とが互いに対等な大学コミュニティ構成員として、また社会構成員として共生していくために、1) 互いの信頼のもととなる共通点を発見し、2) 互いの成長のもととなる違いを認め合い、3) 新たな共通部分を創造することを目的としてきました。

対話的問題提起学習は、人間が社会的に安全に、より発展的に生きていくために、他者との対話を通して協働的問題解決をしていくための学習だといえます。

2.2 Learning Through Discussion: LTD（話し合い学習法）

アメリカのJ. レイボウらは1962年にヒル博士によって紹介された討論過程の理論をもとに、LTD集団の運営方法について提案しました。提案の中では、討論をいかに始めるか、いかに運営していくか、そして討論の成果をどう適用するかが詳細に解説されています。

LTDは、民主的な集団モデルであり、権威的集団や自由奔放とは対照的なものとされています。ここでは協働的な学習経験が進められ、攻撃的な行動や自分を印象づけようとする行為や競争的な行動は支持されません。そのために、討論の参加者はコミュニケーションにおいてみな対等で、各自の学習に対する関与の意識が基本となっています。また、自分の学習の自覚と他者の認識、発達（変化）にも注意を払うことが重要とされています。

LTDの具体的な運営は、事前の宿題と独特な学習過程によって進められています。この学習法のプランとして、レイボウは60分の授業内に8つのステップを展開する方法を考案しています。

ステップ1　導入：自己紹介・今日のコンディションを言う
ステップ2　語彙の定義と説明：新しい語彙を創造的に習得する
ステップ3　著者の全体的な主張：著者の主張を自分の言葉で再生する
ステップ4　主題や話題の選定と討論：主題を討論する
ステップ5　他の場面に対する教材の適用と統合：学習が断片的・個別的になることを防ぐために、これまでの概念との関連づけを行う
ステップ6　自己に対する教材の適用：学生にとって個人的に価値あるものにする
ステップ7　著者の主張の評価：個人的な批判や理解を表出し合う
ステップ8　集団と個人の遂行の評価：グループの運営の評価、グループメンバーの評価

LTD 学習法は活動展開が明示されていますが、その展開の全体を支える理念としては競争的意識の排除、自己の拡大と同時に他者との関係性からの学びを基盤としています。まさに協働学習の理念と重なることが分かります。

2.3　バズ学習

杉江 (1999) によれば、バズ学習は塩田芳久によって生み出され育てられた日本の代表的な協同学習です。1950 年代後半から実践され、1969 年に第 1 回の全国的な研究集会が開かれました。教室は教師や子どもたちからなる社会であること、そこでの人と人の相互作用が何よりも重要であるという考え方に基づいて「バズ・セッション」が考案されました。「バズ」とは、ハチがブンブン音を立てるという意味の buzz からきています。教室の中でいくつかのグループがそれぞれにガヤガヤと意見を交わしている様子をハチの立てる音にたとえて名付けたものです。バズ学習では人間関係を基盤とした少人数のグループによる短時間の話し合い (バズ・セッション) を重視しています。

バズ学習は単なる技法ではなく、「信頼に支えられた人間関係を基盤とする教育である」とされます。したがって、バズ・グループはあくまでも学級集団のサブ・グループであり、グループでの学習もつねに学級全体の学習を指向しなければならないものです。そのために、必要に応じてほかのグループと相互援助を積極的に行いますが、グループ間の競争はかたく禁じられています。また、グループ内のバズ長というグループ・リーダーの役割は成績上位者にあてられるのでなく、彼らにはむしろよきフォロアーとしての役割を経験させようとします。このようにして学び手たちは周囲との調和の中で自分の役割を理解し、互いが認め合いながら個性を発揮することが目指されています。

バズ学習では、教科の指導 (学習) の主目標である認知面の学習に付随して、学習に対する動機付けや教師・仲間に対する感情など情意面での目標を認知面と同様に重視しています。教師はこの両面（これを認知的目標と態度的目標と呼んでいる）を明確に掲げて指導にあたり、2つの目標の相乗効果を期待します。この両者の同時達成の原理は、バズ学習のねらいとする科学性、一貫性、統合性の点から当然の帰結であるとされています（杉江 1999: 99–216 参照）。

2.4 ケースメソッド

ケースメソッドは、アメリカのハーバード大学ビジネス・スクール（経営学大学院：HBS）において1900年代の初頭に開発された教育方法です。もとはロースクールで行われていた判例研究の方法を経営学の教育に応用したものです。日本でもビジネス系の大学院だけでなく、他の教育分野においても広く応用されています。ケースメソッドの教育理念は、「個の尊重」と「関係性による創造」というキーワードに象徴されます。ケースメソッドの訳者であり日本での開発を中心的に行っている高木は次のように述べています。

> 自分と自分の力がどのようなものであるかを知り、自らがそうするように人々もそうすることで、お互いの多様性を尊重せざるをえなくなる。同時にそこから、社会人として、人々の集まりとして、多様なものを有する個人個人が関係性を持ち、新しい価値を創造していかねばならない。（バーンズほか 2003: 12）

この授業は社会で実際に起きた事件や事故などの事例をめぐって、学習者同士が討論を展開するものです。討論のもとになるケース教材には実際の出来事がエピソードとして記述されます。学生たちはケース教材から読み取れる問題について多角的に分析を行い、互いの分析をつき合わせて討論の中で検討しながら理解を深めていきます。討論の中では、教師がディスカッション・リーダーとなり、学生たちの発言を促します。ケースメソッドの提唱者であるバーンズらは、こうした討論授業の基本原則として次の4つを挙げています。

1）討論授業は教師と学生の協働作業（コラボレーション）であり、双方がともに教える責任と力、および学ぶ喜びを共有する。
2）討論授業の教室は、単なる個々人の集まりから、価値と目的を共有する「学びの共同体」に進化しなければならない。
3）学生と朋友になることによって、教師は、学生自らの手で授業内容を学んでいく力を与えられる。
4）ディカッション・リーダーシップは、討論する内容およびそのプロセスの双方をつかさどる能力が必要である。

（バーンズほか 2003: 34）

ここでは、教師と学生の協働という考えが強調されています。つまり、教師と学生とは対等な関係で相互に学び合う存在であることを意味しています。討論活動自体は学生同士の議論の中で理解を深め、そこに共有の創造を生み出すことが目指されています。教師を含んだ教室の学習参加者全てが学び手であるとしています。したがって、ケースメソッドは教師と学生間、学生同士の協働という2つの協働を統合する協働学習だといえます。

2.5　ケース学習

日本語教育において開発されたケース学習は、ピア・ラーニングの概念に基づく学習の方法です。前述の2つの教育がもとになっています（近藤・金 2010、近藤・金・池田 2015）。ひとつはハーバード大学で開発された「ケースメソッド授業」です。もうひとつは、パウロ・フレイレの教育理論に基づく「対話的問題提起学習」です。ケース学習では、ケース教材を使用して授業を進めていきます。ケース教材には、主にビジネス関連の場で現実に起きた衝突がエピソードとして描かれています。この教材を学習者は多様な視点から分析し、解決策を考えていきます。一方、「対話的問題提起学習」も現実に起きた問題の解決を学び合いの中で解決しようとする学習です。どちらの学習も中心となるのは対話活動です。この 2 つを援用し、日本語教育において開発された「ケース学習」は、ピア・ラーニングの概念に基づいています。「ケース学習」は、授業の基本的な展開を示していますが、学習者や学習目的、教室環境、コース状況により、教師は柔軟にデザインできるものです。基本的な展開例は以下のような流れです。

1） アイスブレイキング
2） 個人でケースを読み、自分の考えを明確にしておく
3） グループ討論
4） 全体共有
5） ディスカッションへのフィードバック
6） 解決のためのロールプレイ
7） 学習の振り返り（内省活動）

上の 3) のグループ討論がケース学習のもっとも重要な活動部分となります。ここではケース教材の中に描かれた衝突場面の全体をまずは俯瞰してみます。そして、事実を多面的に捉えるために、ケースに登場する人物のそれぞれの視点から状況分析をします。このように、ケース学習は学習者の批判的思考力を活性化させながら、他者との協働により問題解決プロセスを進む学習です。

ケース教材は外国人留学生のための日本語ビジネスコミュニケーション教育用に作成されていますが、日本で働く外国人労働者や、外国人と共に働く日本人ビジネスパーソンにも必要な学習です。また、海外で働く日本語人材にとっても、さらには海外の異文化環境にいる日本人にも必要な学習です。

なぜなら、ケース学習での学びは「異文化への気づき」を促し、そこから共生の環境づくりを仲間同士の協働により創り出していくための学習だからです。日本語教育のケース学習は、現在ではビジネス日本語分野だけでなく、異文化コミュニケーション、介護看護の日本語教育、国際教育、企業研修にも採用されています。しかも、日本国内だけでなく海外の日本語教育現場にも急速に広がりを見せています。

2.6　アクティブラーニング

アクティブラーニングは、協働学習（ピア・ラーニング）を含む包括的な教育概念の用語だといえます。アクティブラーニングが注目されてくる経緯をたどると、教師主導の教え込み教育への批判から生み出された概念のようです。

世界的な規模で展開する教育改革の中で、日本では学び合いの協働学習の方向性を支持するかのように、2012年8月に国の教育全体に向けて明示的に打ち出されました。中央教育審議会答申には「新たな未来を築くための大学教育の質的転換に向けて一生涯学びつづけ、主体的に考える力を育成する大学へ」とあります。ここで使用された「アクティブラーニング」は、今後のグローバル社会を見据えた日本の教育全般の新たな方向性を示す教育用語となりました。アクティブラーニングの定義としては、溝上（2014: 7）が以下のように示しています。

> 一方向的な知識伝達講義を聴くという（受動的）学習を乗り越える意味での、あらゆる能動的な学習のこと。能動的な学習には、書く・話す・発表するなどの活動への関与と、そこで生じる認知プロセスの外化を伴う。

このように、アクティブラーニングは能動的、積極的、主体的な学習の意味をもち、海外では1970年あたりから見られるようですが、日本では2000

年代に入ってから急激に用いられるようになった用語です。このアクティブラーニングの概念の範疇があまりに広いために、これ以後には、より具体性をもたせた定義や概念により明確にしようとする動きも出てきます。この流れの中で最近では、学習者がよりアクティブな態度で学びを深めるための学習アプローチという観点から「ディープ・アクティブラーニング」の授業をデザインすることの重要性が強調されるようになってきました。たとえば、「説明する」、「論じる」といった他者がいることを必然とする学習活動や、「離れた問題に適用する」、「身近な問題に適用する」、などの知識の活用も学習を深めると言われています(溝上 2015: 47)。このディープ・アクティブラーニングのもつ方向性は、他者との学び合いを通じて協働して創造を生み出していくピア・ラーニングの学びと重なるものと考えられます。

2.7　参加型学習とワークショップ

「参加型学習」や「ワークショップ」という言葉は、学校教育だけでなく、開発教育・生涯学習・人権教育・住民福祉・総合学習などの文脈でも見られます。これらは、特定の教育概念をもつ用語というよりは、学びの形態を説明する呼び名だといえるかもしれません。

たとえば、開発教育協議会では参加型学習を「学習者の社会参加をねらいとする学習であり、またその参加を実現するための多様な方法・手法によって特徴づけられる学習(2002: 102)」と定義しています。参加型学習は、日本では1990年前後から用いられるようになった言葉で、1970年代のワールドスタディーズやグローバル教育、フレイレの識字教育、デューイの問題解決学習にも通じるという見方もあります(山西 2008)。

参加型学習の特徴としては、リラックスした雰囲気の中で学習者の知識や経験や意見が引き出されること、相互の理解が促進され、互いに新しい発見をしていくことが期待される学習方法だという点です。この学習での教師は、参加者それぞれの背景を尊重し、対話を生み出し、相互の学び合いを促進するための「ファシリテーター(促進者)」の役割を担います。具体的なものは、発表、対話、実験、見学、調査、スタディー・ツアー、ワーキングキャンプなどがあり、教室のように限られた空間でも、ディベート、フォト・ランゲージ、シミュレーション、ロールプレイングなどさまざまの参加型活動が実施されています。日本語教育でも多文化共生社会の構築を目指す地域活動として、東京都武蔵野市のボランティア日本語教室での実践があります。言葉を学ぶ場が同時に異文化交流の場でもあり、地域における協働的社会形成の場づくりとなっていると言えるでしょう。

一方、ワークショップは、もともとは機械工場などの技術的な作業場でのワーク＝仕事、ショップ＝お店というように、何かを製作して形にすることを指していました。現在では、学習会そのものを意味する場合と、その中で実施する活動の形態を指す場合とがあります(木下 2002)。ワークショップは、体験を重視した学び方のことです。中野は、ワークショップの学び方を次のように定義しています。

> まちづくりなどを行政も住民も専門家も一緒に「参加」して計画していこうという参加型の合意形成や計画の手法。その場に参加した参加者同士がお互いに語りあい学びあう双方向の学び方。　(中野 2002)

中野は、グループメンバーが協力し合って創造を生み出すような体験学習、参加型学習という新しい学びの形態をまとめて「ワークショップ」と呼んでいます。ワークショップもまた、学び手が主体的に学ぶための議論の場の設定や体験の場を意味しており、ここから新たな創造が生まれることを目指す点で、協働的な学びの方法のひとつと言えるでしょう。

2.8　まとめ

本章では、日本のさまざまな学びの場に提案されてきた協働的な学習を取り上げて紹介しました。これらは私が協働学習の概念を背景にもつ学習の概念、あるいは方法だと考えたものです。第1章で述べたような協働の要素「対等」「対話」「プロセス」「創造」「互恵性」の5つが、これらの学習方法の中に確認できるからです。

日本で実践されている学習方法には、まだ他にも協働的な要素をその背景にもつものがあるのかもしれません。たとえば、近年見かける「多文化間共修」「国際共修」は、国内学生と留学生が教室や学習活動を共にするという学習として位置づけられ注目されつつあります。ここでは異文化や異なる価値観を受け入れ、互いに再構成することが目指されています。まさしく協働の概念に重なります。一方で、最近の日本の教育現場で見かけるグループ学習が必ずしも協働学習の枠組みで捉えられるものとは限らないことも事実です。たとえば、グループ内で誰がもっとも多くの知識をもっているか、あるいは正解を出せることや、その速さを競わせることで優劣をつけたり、限られた尺度で高低を図ったりするのであれば、それは協働学習ではなく、知識伝達型教育の形態の一種だと見るべきです。また、大学受験や特定の資格取得のための試験の合格を目指してグループ学習を行う場合も、その目標設定からして協働学習とはなりえないでしょう。こうした違いは実は明確なのです。学習活動のねらいや学習課題、活動展開に、協働の概念を探ろうとすれば、そこでの学びのあり方が協働学習かどうかが容易に判断できます。

本章で紹介してきた学習概念や方法は、研究会、学術学会、会社内の研修会、地域の勉強会、社会人教育、生涯教育、異文化教育、ビジネスなど、さまざまな学びの場で見ることができます。続く第3章では、学校の教科教育や言語教育の教室場面で実施する協働学習を取り上げます。ここでは、教室場面での学習者同士の学び合いをピア・ラーニングと呼び、学習者個人と相互行為の中の学び、教材や教師との関係などに焦点を当てて考えていきます。

参考文献

岡崎敏雄 (1996)「第三章　日本人と外国人が学ぶ日本語・日本文化教育の進め方」『多言語・多文化の下で日本人と外国人が学ぶ日本語・日本文化教育』pp.29-39.　短期留学生に対する日本研究特別カリキュラムの実施及び教材化開発プロジェクト　筑波大学日本語・日本文化学類.

岡崎敏雄・西川寿美 (1993)「学習者とのやりとりを通じた教師の成長」『日本語学』12: pp. 31–41.　明治書院.

岡崎眸・岡崎敏雄 (2001)『日本語教育における学習の分析とデザイン―言語習得過程の視点から見た日本語教育』凡人社.

開発教育協議会 (2002)『開発教育キーワード 51』開発教育ブックレットシリーズ No.5

木下理仁 (2002)「ワークショップ」開発教育協議会 (2002)『開発教育キーワード 51』開発教育協議会.

近藤彩・金孝卿 (2010)「ケース活動における学びの実態―ビジネス上のコンフリクトの教材化に向けて」『日本言語文化研究会論集』6　国際交流基金・政策研究大学院大学.

近藤彩・金孝卿・池田玲子 (2015)『ビジネスコミュニケーションのためのケース学習―職場のダイバーシティで学び合う』【解説編】ココ出版.

杉江修治 (1999)『バズ学習の研究』風間書房.

中野民夫 (2002)『ワークショップ―新しい学びと創造の場』岩波書店.

バーンズ, L. B.・クリステンセン, C. R.・ハンセン, A. J. (高木晴夫訳) (2003)『ケースメソッド実践原理―ディスカッション・リーダーシップの本質』ダイヤモンド社.

フレイレ, P. (里見実・楠原彰・桧垣良子訳) (1990)『伝達か対話か―関係変革の教育学』亜紀書房.

溝上慎一 (2014)『アクティブラーニングと教授学修パラダイムの転換』東信堂.

溝上慎一 (2015)「アクティブラーニング論から見たディープ・アクティブラーニング」松下佳代・京都大学高等教育研究開発推進センター編著『ディープ・アクティブラーニング』勁草書房.

山西優二 (2008) 序論「これからの開発教育と地域」山西優二・上條直美・近藤牧子編『地域から描くこれからの開発教育』pp.4–36.　新評論.

Wallerstein, N. (1983) *Language and Culture in Conflict*. New York: Addison-Wesley.

第３章　ピア・ラーニングとは

3.1　学習観の転換と協働の背景

3.1.1　認知過程と社会とのかかわり

人の認知的な過程を解明しようとする認知科学（cognitive science）はコンピュータ・テクノロジーの発達を背景に飛躍的に進歩してきました。認知科学は人の内部プロセスとしての認知過程がどのようになっているのかを説明するために、実験データを基に情報処理の枠組みを用いてさまざまなモデルを作ってきました。たとえば、そのひとつが記憶の貯蔵庫モデルです。記憶の実験では、隔離された実験室で実験の材料（刺激文）が与えられ、途中に妨害作業などをはさみ、どれくらいもとの材料が保持されているかなどを調べます。もちろん、実験中は被験者が他者から援助を受けることやメモをとることは禁止されているのが普通です。しかし、私たちの日常では、このようにして記憶が行われているでしょうか。実際には、必要なものだけを記憶し、忘れた場合には誰かに聞き、あるいは忘れないようにメモをとりながら記憶するのであって、けっして実験室で行ったようにして記憶をしているわけではありません。つまり、筆記用具などの道具を媒介としたり、周囲の人に援助をしてもらったり、あるいは互いに協力したりして認知的な活動を行っているのです。個人の頭の中だけで完結するようなモデルでは人間の認知過程は十分説明できないのではないか――そこで、認知科学は個人の認知過程を実験室的に解明するだけではなく、他者や周囲の環境とのかかわりの中で解明するようになってきました。

人が学ぶ過程は、個人的な過程と社会的な過程が絡み合って成り立っていると考えることができます。前者は、自分の過去の経験に新たな経験を関連づける中で、知識として一般化する個人的な過程です。たとえば、ある新しいことがらは既に知っていたことと関連づけて理解されたり、記憶されたりします。これに対し、後者は人と助け合ったり知恵を出し合ったりする社会的な過程です。知っている人に聞いたりアドバイスを得たり、また他の人といっしょに知恵を出し合ったりして学びます。そして、これら2つ、つまり個人と社会は、観点として述べたものの分けることはできません。この2つの観点から学校での学習を考えてみると、理解し記憶しテストなどによって測定されるものは、みな個人単位のものばかりで、学習というものは個人で行われるものだという前提に立っているようにみえます。テストは誰かと協力して解答してはいけないし、宿題も誰かに手伝ってもらってはいけないのが常識になっています。学校でこのようにして学習した個人と個人とを比較すれば、競争が生まれることになるでしょう。しかし、社会に出てからはどうでしょうか。ひとたび社会に出て現実に問題に直面した場合、周囲の人々の助けを借りたり互いに協力し合ったりするのはよくあることで、むしろ最初から最後までひとりですることは少ないかもしれません。ひとりの人が知識を貯めこんでひとりで問題解決をしていくことでは問題は解決できず、かかわる人びとが協力し、それぞれが得意なところで力を発揮し、自分が不得手なものは他の人に助けてもらうほうがより合理的だとも言えます。

そのように考えると、学習が起きるべき場である学校で、教師たちが起こそうとしている学習は、むしろ日常的な社会とかけ離れているのではないか、私たちがもっている学校での学習に対する常識というものも疑ってかかるべきかも知れないという考えが出てきます。

3.1.2　徒弟制における学び

文化人類学者のレイヴとウェンガーは、先述のような常識が存在する学校とは異なった場での学び、とくに仕事場での学びに関心をもちました（Lave and Wenger 1991）。そこで、実践を共有するコミュニティ（実践共同体）における学びを観察しています。たとえば、西アフリカのヴァイ族とゴラ族の仕立屋という実践共同体の中で、徒弟たちが一人前の仕立屋になっていくプロセスを観察しました。そのプロセスでは、徒弟は先輩の仕立屋たちといっしょに仕事をする中で、衣服が仕立てあがるまでの全過程や周囲の人々がどんな仕事をしているかを見て、体験的に学びます。徒弟は衣服の完成までの実際のプロセスにかかわりながら、しかも決定的な失敗を最小にするような順序で実践に参加していきます。たとえば、初期段階ではアイロンかけやボタン付けをし、裁断は最終段階で体験するなど、衣服の製作プロセスとは逆の順序で製作を体験するのです。新参者である徒弟は仕立屋たちの実践共同体に「周辺的に」参加しはじめ、だんだん完全な参加者である「十全的参加者」になると考えられます。ここでは、学習は「社会的な実践共同体への参加の度合いを増すこと」によって成立するということになります。

以上に述べたレイヴとウェンガーのフィールドワークは、学習が起きる「場」と学習の「プロセス」という観点から重要な意味をもっていると思われます。つまり、学校ではない社会、仕立屋の仕事場において学習が起きています。また、学習とは用意された練習を通して個人の内部に生じる認知的なプロセスではなく、現実に服を仕立てるという実践に体験的に参加するという状況に「埋め込まれて（situated）」いると捉えられています。

また、ブラジルの大都市では、子どもたちが街頭で観光客や通行人に花やピーナッツを売っている光景をよく見かけるそうですが、彼らは学校で学ぶ算数の問題はあまりよくできないにもかかわらず、これらの商売に必要な算数的な知識となると実に正確なものを身につけているそうです（佐藤1996）。これらは、路上算数（street mathematics）と言われ、授業として路上で算数をしているのではなく、実際の商売をする中で、つまり、実践の過程で算数の知識を身につけているのです。先の仕立屋の例と同様に、仕事として実践することは、その活動に参加することであり、その体験を通して学んでいると言うことができるでしょう。

このような人類学者たちによるフィールドワークの成果をもとに、コリンズやブラウンは学校教育にも実践への参加による学習という考えを生かそうと「認知的徒弟制」というアイディアを提案しています（Collins, Brown and Newman 1989, Brown, Collins and Duguid 1989, Collins 2006）。これは認知的な学習に先の仕立屋でみたような徒弟制を組み込んだ考え方です。まず第1段階の「モデリング（modeling）」では、熟達者である教師がやってみせ、学習者に観察させます。第2段階の「コーチング（coaching）」では、教師は学習者に助言を与えながら手取り足取り教えます。第3段階の「スキャフォールディング（scaffolding）」では、教師は足場をつくり、学習者が自分でやれるように支援します。最後の第4段階は「フェイディング（fading）」で、足場を徐々に取り去り、学習者を最終的に自律させようとします。このように伝統的徒弟制で行われていた学びを学校場面でも実現できるような仕組みとして、認知的徒弟制のモデルは考え出されました。

学校は今まで社会と切り離された、いわば脱文脈化された学習を扱ってきたわけですが、ここにきてようやく学習は社会とのつながりの中で捉えられるようになったと言うことができるでしょう。認知科学者たちは、日常的現場での実践の中に埋め込まれた認知活動について研究し、さらにその成果から導かれたアイディアを教育の現場に提案するようになったのです。また、教師たち自身も自分たちの教育現場そのものを対象に実践研究をするようになってきました。

3.1.3　学習における援助

旧ソビエトの心理学者ヴィゴツキー（Vygotsky, L.S., 1896–1934）は、知的な能力は他者とのかかわり合いの中から発達すると考えました。子どもにはひとりではできないけれど、大人や仲間からちょっとした援助を受ければできることがあります。たとえば、おもちゃのしまい方を例にあげると、子どもひとりでは元の場所に片付けられないとき、母親が「あれ、この車はここだったかな。もっと大きい箱じゃないとしまえないね。」と横で助言をすることによって、子どもは大きい箱にしまうことができる場合があります。このような母親のちょっとした一言でしまい直すことができるという経験が繰り返される中で、子どもはだんだんひとりでしまえるようになるでしょう。子どもが何かができるようになる過程では、大人や年上の兄や姉といっしょにすることに大きな意味があると考えられます。周囲の援助なしにひとりでできるレベルと、ひとりではできないけれどちょっとした援助があればできるようになるレベルとの間の領域をヴィゴツキーは「最近接発達領域(zone of proximal development)」と呼びました。

教育の観点から言えば、この「最近接発達領域」を適度に設けるデザインが学習環境としてふさわしいということになります。自分ひとりでするのではなく、大人や仲間といっしょに何かをし、他者からのちょっとした援助により、できるようになる環境をデザインすることが必要になります。ウッドらはこのちょっとした援助をスキャフォールディング(scaffolding)と呼び、教育にはたえずスキャフォールディングが必要であると述べています(Wood Bruner and Ross 1976)。

ヴィゴツキーによる最近接発達領域の理論は、大人が子どもを援助する場合のものでした。この理論は、仲間同士においても適用できるのでしょうか。佐藤(1999)は最近接発達領域を「相互作用が具体的に展開されている『場』」であり、最近接発達領域論は、「大人、子ども両方を含めた他者との相互作用による学習と発達の可能性を論じたものである」と説いています。教師や親が子どもに働きかけるばかりでなく他者との相互作用にまで拡大することができるとすると、学習者間でも相互作用を通じて互いの最近接発達領域に働きかけていくことができることになります。日本語学習者同士の場合も、それぞれの背景や能力が異なっているため、ある者はある分野において仲間の学習者の最近接発達領域に働きかけ援助することができると考えられるのではないでしょうか。

しかし、仲間同士の援助という点では、いつどんな場合でも仲間から容易に援助が得られ、また仲間同士互いに学び合えるとはかぎりません。他者に援助を求める「援助要請行動(help-seeking)」は援助が得られるというメリットと同時に、自分の弱みを見せることによって他者から低く評価されてしまうというデメリットも併せもっています。そこで、秋田(2000)は、互いが安心して援助を要請したり援助したりできる関係になるには、「取り組む課題の多様性、学習過程が長期に継続される多相性、さらに学習の結果を見取るときの評価の多次元性」が保証される必要があると述べています(p.89)。援助を受ける者と与える者の差異が、子どもたちにとって脅威となるか、尊敬し信頼し合って学び合うものとなるかは、そのときの学習環境の質次第だと言います。仲間同士の、あるいは教室内での学習に関する文化がどのように形成されているかによって、そこで起きる学習の姿も異なったものとなるでしょう。

3.1.4 社会的構成主義における学習

認知科学が学習を頭の中に閉じ込められたものから周囲との相互作用というように社会的に位置づけるようになった背景には、知識は自分で作り上げるものだという知識構成観があります。ピアジェは人間の認知的な発達過程を頭の中に作られる知識構造とその変換の過程として捉えました。ここでは、知識や理解は自ら作り上げる＝構成するものであることが強調されています。ピアジェはあくまでも個人を中心にその周囲との相互作用によって個人の内部に知識が構成されると考えました。心理学においては、このようなピアジェの構成主義に対して、社会的構成主義[1]では、その個人さえも社会的な影響のもとにあり、社会や文化の中での自分と周囲との相互作用において学習が形成されることが強調されます。つまり、社会的構成主義では、知識の生成はひとりひとりの頭の中のこととは考えず、他者と働きかけ合う中での社会的かつ文化的なものであると考えられています。このような考え方のもとになっているのは先ほどのヴィゴツキーの発達論だと言われています。発達という観点で言えば、個人の発達は文化に影響を及ぼしたり、文化から影響を受けたりする、というよりも、むしろ人は文化の活動自体に参加しながら発達し、またその文化自体もたえず変化していることになります。このことをロゴフは「人間は、自らの属するコミュニティの社会文化的活動への参加の仕方の変容を通して発達します。そして、コミュニティ自体もまた変化するのです」と述べています（ロゴフ 2006）。

個人と社会が相互に影響し合いながら、個人が発達し、社会が発達するという考えにおいては、場への参加のありかたが重要になってきます。安全、安心な場があれば参加は促され、互いの協働も促進され、学び合いが起きる可能性が高まります。このことは教育の観点からみれば、どのような学習環境を用意することができるかということになってくるでしょう。そして参加者である学習者は、社会的構成主義においては、教師が与えたものをひたすら受け取る存在ではなく、能動的に環境に働きかける存在ということになります。

3.2　ピア・ラーニング

3.2.1　日本語教育における言語教育観の転換

日本語という言語を日本語を母語としない人々に教えるとき、何をどのように教えるのがよいのか、という日本語教育における言語教育観も時代とともに変化してきました。それをあえて一言で言うとすれば、ことばを教えるということは、「学び手に言語構造を中心とした知識を伝達することだ」という考え方から「学び手が実際にコミュニケーションができるようにすることだ」という考え方へ、そして、コミュニケーションができることに加え「学び手が自らを発見するために日本語を使い、また日本語を自律的に学ぶことができるように支援することだ」という考え方へ、さらには、「学び手が自ら学べるように環境を整備することだ」という考え方に移ってきたという視点をここでは提示してみたいと思います。教師の関心も、それにともなって「言語のしくみ」から「教え方（教授法）」へ、さらに「学習者の学びとその支援」「環境作り」へと移ってきたと考えられます。本書で述べるピア・ラーニングは、結論から言えば、学び合いの場作りという環境整備を通して、学習者の学びを支援するという言語教育観に立っています。

日本語を教える教師たちの関心は、まずは言語構造を中心とした知識にありました。日本語はどのような構造になっているのか、言語のしくみを明らかにし、それを学習者に伝えることが日本語教育であったと言うことができます。したがって、ここでは日本語の文法や語彙をはじめとする日本語学の知識が重視され、それらについて多くの知識をもち、それを学習者に適切に伝達できることが教師としての役割であり、必要な能力だと考えられました。

米国で 1950 年代に行動主義心理学とアメリカ構造言語学を理論的背景としてオーディオリンガル・メソッドが盛んになると、日本語教育にもそれは取り入れられていきました。教師が主導する反復練習や代入練習などのドリルを通して刺激 – 反応による習慣形成をし、言語が習得されていくという言語教育観です。そこでの教師の役割は、学習者が誤用をおかさないようにモデルとして適切な日本語を示すこと、習慣化できるように学習者にそれを繰り返させることだったと言えるでしょう。直接法による文型積み上げ方式によって、後で役に立つことを想定して文型がシステマティックに導入、練習されていきました。教師は提出順をよく検討し、学習者が誤用をおかすことなく反射的に素早く反応できるまで、手際よくスムーズに練習を繰り返します。かつて言語知識が中心であった教師の視点は、「教え方」つまり教授法に移ってきたと言えるでしょう。適切な教え方によって、学習者をトレーニングするという考え方です。

しかし、やがてオーディオリンガル・メソッドへの批判が出てきました。たくさん覚えたはずの文型もいつ、どのような場面で使うのかわからないし、現実の場面でコミュニケーションができるような力が身につかないというのです。そこで、場面における意味を考えること、伝えることを重視したコミュニカティブ・アプローチが登場しました。これは教授法における大きな変化でした。コミュニカティブ・アプローチにおいて、教師の役割はコミュニケーションが起きるような場面を設定することであり、それにふさわしい教材やタスクを考えることであったと言えるでしょう。ロールプレイやシミュレーションなど伝達を目的としたさまざまな教室活動が考案されました。

さきに、言語教育における関心は、オーディオリンガル・メソッドの出現によって言語構造を中心としたものから教授法を中心としたものへと移ってきたと述べましたが、さらに、コミュニカティブ・アプローチが出現したプロセスでは、教授法への関心「教師がどう教えるか」ということの中に「学習者」への視点が強く示されるようになってきました。つまり、「学習者中心」という考え方です。それ以前のように、教師が教えることをあらかじめ決めておいてそれを教室で学習者を前に展開するというのではなく、学習者と教師とが相談して学習内容を決める、そのさいに学習者のニーズというものが重視されるというように変わってきたのです。Nunan (1988) は、これを「学習者中心カリキュラム」と言っています。岡崎・岡崎 (1990) では、タスクを中心とした指導により、学習者にコミュニケーション能力をつけさせるだけでなく、自分で学習方法や内容を決める能力も養成するのが、コミュニカティブ・アプローチだとされています。ここでは、学習者の自律性 (learner autonomy) が重視されることになります。学習者自身が日本語が使われる社会において自己アイデンティティを獲得することが目指され、そのための生きていく力の育成が重視されると同時に、学習者としての自律性が重視されるようになりました。

一方、コミュニカティブ・アプローチの流れとは別に、日本事情の方法論を述べる中で、「学習者中心」とは異なる概念として「学習者主体」が提示されました。細川 (1995) は「学習者主体」を「学習者の問題意識を引き出すことの意義を重視し、そのあり方を明確にするための用語」と定義しています。さらに細川 (1999、2002) では学習者はものを見る個別の視点、つまり「個の文化」をもっていることが主張されます。

こうして教師の関心は、学習者に何をどう教えたらよいのかといった「教師自身の教え方」から、学習者はどう学んでいて教師はどのように学習者の学びを引き出せるのかといった「学習者への支援のあり方」へと見方が転換してきたように思います。知識やスキルを伝える、使えるように練習する、身につけさせるといった教育観から、学習者自身の学びを引き出す、より自律的に学べるように支援する、同時にそれが成り立つような環境をつくるという教育観への転換です。

以前はことばをより効果的かつ効率的に教えるにはどうしたらよいかという意味で教授法への関心が高かったと言えるでしょう。しかし、その教えるべきことばはなぜ教える必要があるのか、学習者にとっての日本語学習の位置づけや意味などを考えるなかで、学習者自身が自分のために日本語を学ぶということはどういうことなのかが考えられるようになってきたと言えます。そこでは必然的にどう「教えるか」というよりも、学ぼうとしている学習者たちの学びたいことを引き出し、その学びをどのように支援できるかということが重要になります。教師が教える（伝える）という部分がもちろんなくなるわけではありませんが、学習者が自ら学べるようにどう環境をデザインし、どう活動を促し、支援をしていくかということが重要になってくるわけです。

この背景にはさきに述べた、学びというものは、学び手が自ら構成するものであるという構成主義的な学習観があると思われます。このような学習観の転換は当然、教育観に反映され、教育現場でもパラダイムシフトが起きているのです。協働的学習、参加型学習、体験学習などと呼ばれるものはみな学習者を主体に考えた学習方法です。これらの背景にあるのは、教師が学習内容を決定し準備し、それを学習者に伝える、学習者はそれを理解し使用するという教育観ではありません。それとは反対に、学習とは学習者自身が学ぶ内容を決め、さまざまな場や社会に参加し体験することを通して自律的に学ぶのであり、教師はその学びを支援するのだという教育観に支えられています。

最近では、古賀ほか（2021）が1970年代から2010年代にかけての日本語教育関連の文献の中で日本語教師の役割がどのように論じられてきたか、その言説がどのように変遷してきたかを調査しています。その結果、日本語教師の役割をめぐる言説は4つのカテゴリーに分けられるといいます。4つのカテゴリーとは「A. 学習を管理する」「B. 自律的な学習を支援する」「C. 相互学習の場を設計する」「D. 学習環境・システムを整備する」です。ただし、この4つはA→B→C→Dと取って代わられるものではなく、重なりながら共存していると言います。

本書で述べるピア・ラーニングは、学び手たちが自律的かつ創造的に学ぶことができるように、教師は引き出しサポートするという教育観に立っています。古賀ほか(2021)にあてはめてみれば、Cを中心としBやDの役割ももっているといえるでしょう。いわゆる「教え方(教授法)」のひとつとしてピア・ラーニングがあるのではありません。対話という相互交流的な活動が重要になりますが、他者との学びをとおして日本語学習における課題そのものの向上とともに、最終的には自分自身に気づいていくこと、自分自身を発見すること、そこへ向けて自律的な学び手となることが目指されています。

3.2.2　教室という場と授業デザイン

学習法や教授法を成り立たせる学習観・教育観が変化すれば、当然、「教室」という場をどう捉えるかも変化してきます。教室は普通ひとりの教師と複数の学習者が共に存在する場所ですが、そこで教師が黒板の前に立って教え、複数の学習者がみな黒板のほうを向いて学ぶ、という形にしばられる必要はないはずです。

日本語の教室場面を考えてみましょう。図1をごらんください。教室Aでは、教師主導により教師から知識が伝授されます。学習者同士の学びは稀薄です。それに対して、教室Bでは、学習者同士の協働が中心となります。教室Aでは上にいる教師から下にいる学習者に伝達がなされていますが、教室Bでは学習者同士の学びを教師が下から支えています。ここでは、学習者たちは、教室にいる仲間の学習者から互いに多くのことを学ぶことができ、協力して理解したり新しいものを作り出したりすることができます。教

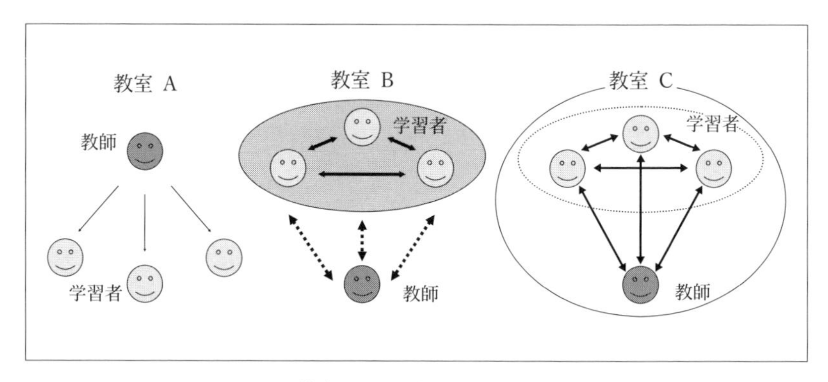

図１　教室における教師と学習者の関係

師はそのような環境をデザインし、その環境における学習者たちの学びを支援することになります。教室Cでは、教室Bでの相互的な学びをさらに進めて、教師は環境をデザインすると同時に、一参加者として学びに参加しています。動画ではないのでうまく表現できませんが、場をデザインすること自体も教師と学習者とが動的に行うわけです。つまり、教室Cでは、教師と学習者とに二分されない学び合いが起きる可能性があります。ピア・ラーニングは仲間同士の学びを想定していますが、教室Cのように教師は学びが起きうる学習環境としての教室をデザインするとともに、学びに参加することになります。

教室A、B、Cは、それぞれ教室の活動を「どのように」行うかが違いますが、これは背景にある教育観が異なっていることをあらわしています。つまり、そもそも「なぜ」その活動をするのかが異なっているわけです。

また、教室で「何を」行うかにも教育観は反映されます。たとえば、読むことを例に考えてみましょう。同じテキストを使用した場合でも、ある教師は個々の単語の意味を押さえ、特に重要語は使えるように指導しよう、文型ももちろん重要なものは理解だけではなく使えるように……と考えて授業を組み立てるかもしれません。また、別の教師は読解では必要な情報が素早く入手できることが重要だと考え、大量のテキストからスキャニング（情報取り）の訓練を行うことを考えるかもしれません。学習者によって、また日本語学習の目的によって授業デザインは異なってくるにちがいありませんが、学習というものをどう考えるか、知識獲得と考えるのか、ストラテジーの訓練と考えるのか、実践への参加と考えるのか、など学習観によっても授業の内容は変わってきます。

ピア・ラーニングにおいて教室という場は、教室のソトに出て役に立つことを一生懸命練習する場ではなく、教室という社会の中で他の学習者といっしょにさまざまな実際的な問題解決を行っていく、そういう現実の実践の場なのです。そのような意味でピア・ラーニングは、教室活動を社会的な活動として位置づけ直す試みでもあります。教室という場は多様な文化、背景、経験や知識をもった学習者たちが集まっている社会であり、学習者同士が互いに学び合い、新たなものを創造できる場であるはずです。そして、その教室もより大きな社会の一部だと考えると、教室はけっして他から切り離された空間だとは言えないでしょう。

教室での活動が教師主導で行われるにせよ、学習者同士が相互作用してともに学び合うにせよ、教室は閉じられた社会なのでしょうか。たしかに、学習はかつては教室という閉じられた空間で、決まった時間に行われることが一般的なあり方だと考えられていました。しかし、その壁をなくして、いまや教室のウチはソトへと拡張し、教室のソトはウチへと取り込まれるようになって来ました。たとえば、体験学習として教室の外へ出て社会のいろいろなことを実際に体験するという学習はウチをソトへ、また教室の外の人を教室に呼んで行うビジターセッションなどの交流プログラムはソトをウチへと取り込む活動だと言えます。さらには近年のオンライン化の進展により、教室自体が世界中に拡がっているという新たな現象も起きています。たとえば、あるオンライン授業は、世界各国の学習者の自宅から参加して行われているとしたら、教室という空間を仕切っている物理的な壁はもはや取り払われていると言えるでしょう。実際に、コロナ禍においてはそのようなオンライン授業は当たり前になり、過渡期においてはオンラインと対面が混在したハイブリッド型も多く用いられています。コロナ後の教室もそれ以前の状況にすっかり戻るのではなく、オンラインとの共存がますます進展していくと予想されます。このようにして、空間的に教室の壁は取り払われ、学習は教室の中に閉じ込められたものではなくなってきました。

そもそも学習者自らが学びを構成するのであれば、学びが起きる場はいわゆる「教室」とはかぎらないはずです。駅であったり、店であったり、パソコンの前であったり学習者の意識があるいたるところで学びが起きていると言えるでしょう。そうなると、教室という物理的に区切られたある建物の中の空間（いわゆる「教室」）での決まった時間帯にのみ学習が起きるのではなく、学習は時間と空間の制限のない連続的なもので、教室のウチとソトという二項対立で捉えることはできなくなります。そして、オンライン化の進展がさらにその二項対立を崩していると言えるでしょう。

学習者たちが集まっているのは教室という場（物理的に区切られた教室であるにせよ、オンライン上の教室であるにせよ）だったとしても、彼らは教室に集まる以前の異なった多様な背景や経験をもってそこに集まっているのです。つまり、目の前の課題に取り組んでいる学習者ひとりひとりにつらなる過去の学びや社会とのつながりがあるはずです。そう考えると、教室もまたひとつの社会であり、教室はそれぞれの学習者が教室のソトの体験と教室のウチで学んだこととをつなぐという行為そのものを協働して行う場、つまり、学ぶプロセスを共構築していく場だと捉えることができます。

本章ではこれまで「学習」や「学び」について書いてきました。そして教室という場をどのように捉えるかは教師の教育観の反映であると述べました。教師は意識しているいないにかかわらず、何らかの教育観に基づいて日々の授業活動を行っているでしょう。無意識にある信念をもっている場合もありますから、時々自分自身の信念（教育観）を内省し意識化してみることは大切なことだと思います。

一方、学習者にも学習観があるわけですから、教師と学習者の教育観や学習観にギャップがあれば、学習意欲にも影響を与えます。したがって、教師は自らの教育観を学習者に明示的に示すべきだと考えます。学習者の学習観は多くの中から選ばれた確固としたものではなく、むしろ学習者自身の過去の経験から作られているものが多いと思われます。教師が明示的に授業デザインとその背景となる教育観を示すとともに、学習者と教師との相互作用を通して学習者自身がデザインに参加することによってより自律的に学びうる授業デザインが可能になるでしょう。実際に筆者が行った授業では、コース当初にオリエンテーションを行うだけでなく、途中で学習者と授業の進め方や学び方について話し合い、授業デザインに具体的に参加してもらうことによって、さまざまなアイディアが生まれました（舘岡（2010）参照）。学びは学習者自身が構成するものだと考えれば、学習者が授業デザインに参加し、その遂行に責任をもって自律的に学んでいくことは当然のあり方だと言えます。

本書で述べるピア・ラーニングはこのような学習観および教育観の変遷の中で、学習者自身による主体的な学習を重視した実践方法として位置づけることができます。実際には、本書でご紹介するピア・レスポンスもピア・リーディングも生まれてきた背景は異なりますし、作文と読解というスキルの違いもあるため、教室で行う活動形態も異なっています。また初めから学習観の変遷を意識して意図的に考え出したものではなく、むしろ、実際の教室活動の中での教師自身の問題意識が出発点になっています。しかし、こうして言語教育観の変遷を見てくると、やはり両者とも学びは学習者自らが主体的に構成するものであり、教師はそれを支援するのだという言語教育観に立っていると言えます。教師は学習者同士、あるいは学習者と教師の相互作用を通して、そのような自律的な学びが引き出されうるような環境をデザインし、学習者の学びを支援するということになります。

3.2.3　ピア・ラーニングの定義

ピア・ラーニングは文字通りにはピア（peer: 仲間）と協力して学ぶ（learn）方法です。ことばを媒介として、学習者同士が協力して学習課題を遂行していきます。この背景には先に述べたような知識は自らが周囲（社会）と相互作用する中で構成するものであるという学習観があります。教室活動としてのピア・ラーニングでは、その社会が教室だと言えます。したがって、教室の外へ出て「本番」のために役に立つようにと、教師が用意した知識を覚えたり練習したりするのではなく、むしろピア・ラーニングにおいては教室そのものが本番＝実践の場なのです。そのような意味で先述したように、ピア・ラーニングは仲間と学ぶという活動を通して、教室を社会として位置づけ直す試みだとも言えるでしょう。

ピア・ラーニングの目的は、2つの面から考えることができます。ひとつは、作文や読解などの課題を遂行するという狭い意味での学習、認知的な側面から見た学習の目的です。もうひとつは、仲間といっしょに学ぶことによって人と人との社会的な関係を築くことを学び、さらには自分自身というものに気づき自分自身を発見していくという広い意味での学習、社会的な側面から見た学習の目的です。この2つは独立して存在するのではなく一体であり、このことこそ、ピア・ラーニングの学びの特徴だと言えます。

ピア・ラーニングの特徴をあえて一言で言うとすると学習の「過程」を「共有する」ということです。3.2.2で述べたように、かつての教師主導の教育観のもとでは、教師は学習者たちに伝えるべき内容を決定し、それを適切に伝えられるような教材を作成し、周到な準備をして授業に臨みます。つまり、学ぶべきこと＝伝えるべきことは、教師によって予め決められているのです。これを「結果」の伝達と呼ぶとしましょう。それに対して、ピア・ラーニングにおいては、学ぶべき内容のたたき台は教師が用意しますしそのためのとりあえずの教材も準備しますが（これも前ページに述べたように学習者と教師との相互作用により決定されるプロセス的なものですが）、「結果」の伝達をするのではなく、学習者たち自身が自分たちで課題に取り組み、その

「過程」で学んでいくものです。あくまでも学びは相互作用によって生み出されるのです。そこには教師が期待したとおりの学びもあるでしょうが、予期しなかった学びが起きる可能性もおおいにあります。ここでは、「過程」を「共有する」ところに特徴があるのです。読解であれば読みの過程を仲間と共有する、場合によっては教師と学習者が共有するということもあります。共有するためには考えていることを、相手にわかるように「外化」しなければなりません。この共有するための装置として「対話」が用いられているのです。思考の過程は本来、見えません。何を感じ、考えているのか、それをあえて頭の外に出して見える(聞こえる)かたちにし、対話をする中で思考しつづけることになります。

ピア・ラーニングが「過程」を扱うということ、それを他者と「共有する」ということ、そのために「対話」をすることは、学習者が主体となって、自らのために学びを構成する方法でもあるのです。

3.2.4　仲間との相互作用による学び

ピア・ラーニングにおいては、仲間の学習者とのやりとりが大きな意味をもっています。本節では「仲間との相互作用による学び」ということを、舘岡(2000、2005)に挙げたピア・リーディングの実践例から検討したいと思います。このピア・リーディングでは、英語を母語とする2人の日本語学習者が相談しながらテキストを読んでいます。このときの対話を録画し、助け合って問題解決をしている様子を観察しました。その観察からは2人が互いに不足部分を補い助け合いながら問題解決をすると同時に、ひとりで読んでいたときには気づかなかった新しい気づきが生まれ、理解が深化する様子が見られました（詳しくは、舘岡(2000、2005)をごらんください)。ここでは「仲間との相互作用による学び」のメリットについて、リソースの増大、理解深化、という認知的側面におけるメリットそして社会的側面におけるメリットという2つの側面から検討してみたいと思います。

3.2.4.1　リソースの増大

仲間との相互作用による学びの認知的側面におけるメリットとして、まず第1にリソースが増えるということが挙げられます。協働することにより、集団全体としてより豊かなリソースをもつことができ、限られた時間内で利用可能なリソースが増えます。

舘岡（2000、2005）では、2人の学習者が協働で読解を行うことにより、互いにわからない単語の意味を教え合ったり、漢字の読み方を教え合ったりなど、リソースとして知識を与え合っている様子が観察されました。また、読みのストラテジー、漢語の語義推測のストラテジーなどの方略も提示していました。これらは、それぞれが不足していた知識や方略を仲間の学習者から得ている例で、互いの存在は相手にとって人的リソースとなっています。55–57ページに挙げた例にもそれは現れています。

そしてこの学びはいつも一方が他方に教えるということではなく、それぞれがもっているものを発揮しているのであり、互恵的であることもわかりました。

また、教師からは決して得られないであろう知識が仲間の学習者から得られることも観察されました。具体的には、2人の共通の母語である英語にあてはめて説明し合ったり、共通の経験（2人が共通に受講した授業）での例をもち出したりして、互いのつながりを活用して教え合っていました。つまり、教師から習うのと違って、学習者同士がある特定の背景を共有するからこそ、互いにわかりやすい形で教え合うことができるのです。

教室という場に集まった個々の学習者は、それぞれ異なった文化、背景や経験、知識をもっています。つまり、互いに他の学習者にはないリソースももっているのです。仲間が増え、各自がもっているリソースを互いに提供することができるとすれば、リソースはその分、増大することになります。

しかし、単にリソースが増えるという観点からのみピア・ラーニングを見るべきではありません。リソース自体は静的なものなので、リソースの付加が必ずしも自己の理解、考え方そのものの変容をもたらすとはかぎらないからです。そこで、さらに重要なのが次に述べる相互作用による理解深化です。

3.2.4.2　相互作用による理解深化

仲間との相互作用による学びの認知的側面におけるメリットとして、第2に挙げるのは相互作用により理解深化がもたらされるという点です。仲間との対話は、互いの理解を深めたり、考え方を変容させたり、また、新しいものを生み出したりする可能性があります。

第1に挙げた、他者との協働によってリソースが増えることを「1＋1＋1＋…」と考えれば、第2に挙げる点は、他者を通して自分が変わる、つまり図2の②に示したスパイラルの矢印のように互いに他者を通して自分を見直し、自分の理解や考え方そのものの変容が促されたり、新しい考えが生まれたりする（「1」が変わる）と考えることができます。このことを受容と発信という点からもう少し詳しく見ていきましょう。

まず第1は受容についてです。ピア・ラーニングにおいては、対話によって仲間から質問やコメントを受け、それに答えなければならないという事態が発生します。相手はただ聞いているわけではありませんから、疑問に思ったことやわかりにくかったことを聞いてきます。しかし、もともと自分とは異なった他者なのですから、その質問自体、自分が考えてもみなかった視点

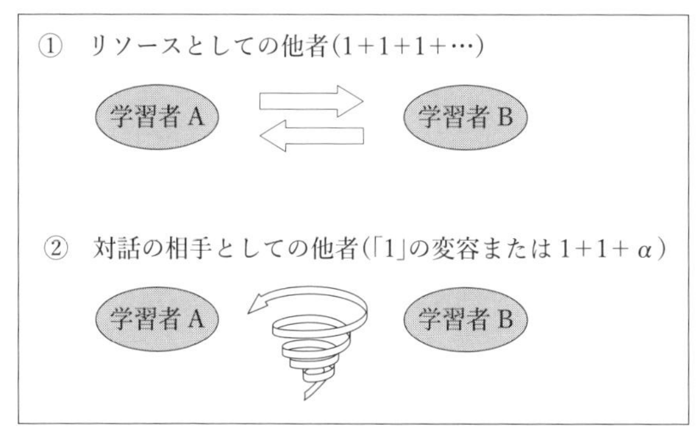

図2　他者の役割

や気づかなかった内容を含んでいるにちがいありません。そこで、他者からのコメントを受け、自分の考えへの見直しが生まれます。質問に答えるために、自分の考えを再び吟味する必要に迫られるのです。

また、他者から直接質問を受けない場合でも、そもそも対話という形で他者の理解や意見を聞くこと自体、学びの機会となります。人はみな違うのですから、異なった視点や理解が提示され、そこから自己への見直しが生まれるでしょう。つまり、他者は自己のモニタリングを促進する役割を果たしているのです。

このような受容のプロセスとともに、第２に発信のプロセスを挙げることができます。つまり、対話においては自分の理解や意見を他者にわかるように発信しなければならず、説明活動（発信）を通しての「気づき」と「整理」が生まれます。自分ではわかっていたつもりなのに、人に説明しているうちに自分が何がわかっていなかったかに改めて気づいたり、新しいアイディアを思いついたりします。また、人に話すことによって混乱状態だった頭の中が整理されたりすることは、私たちが日常的に経験することです。ソクラテスの「無知の知」を知るという産婆術の方法もこれにあたると思われます。人に説明することにより、自分の思考が整理されメタ認知が促進されるのです。

以上に述べたように、仲間の学習者との対話は、自己モニターを促進し、自分が今やっていることを客観的に眺め自分自身の考えを相対化することができ、自己自身による新しい発見をも促します。これは学習上、大きな意味をもっているのではないでしょうか。

3.2.4.3　社会的側面からみたメリット―社会的関係性の構築と学習への動機づけ

以上にあげたように、仲間との相互作用による学びは、リソースを増やしたり理解深化をもたらしたりなど認知面での大きなメリットがありますが、加えて、社会的側面でのメリットもあります。自分以外の人間と協力してものごとを進めるということには、他者との人間関係が大きくかかわってきます。協働して学ぶことにより、メンバー間には、他者の発言内容に頷いたり発言を促したりなどの他者を受け止めていることを示す発言が見られ、また、見守りや待ち行動などの思いやり行動が観察されたと言います（仮屋園ほか 2001）。また、協働的な学習活動の成功には、グループの活発さや明るさ、責任感や連帯感などの社会的な要因が関与しているという調査報告もあります（元田 2005）。異なった文化背景をもつ者が互いに協力して学ぶことは、他者との関係をどのように構築していくかを学ぶことでもあります。多文化共生の社会である日本語の教室では、このピア・ラーニングによる学びの環境は、まさに他者との社会的関係性の構築を学ぶことだと言えるでしょう。従来、教室においては認知的達成ばかりが強調される傾向がありましたが、第1章で述べたように協働しないとやっていけない現代社会において、この関係性構築への学びは重要な意味をもっているのです。舘岡（2010）では、どんな授業がいい授業か、どんなテキストがいいテキストかをめぐって話し合う中で、それぞれの学習者たちがもっている価値観のぶつかり合いが見えました。背景や経験が全く異なった他者といっしょにものごとを進めなければならない中で、目の前の他者とどう重なりを作っていくか、異なりを認め合っていけるか、教室という社会で関係性構築を実践していくのがピア・ラーニングだと言えるでしょう。

仲間との相互作用は達成感や楽しさをもたらすなど学習の動機づけの点でも大きな意義があります。他者の意見を尊重し受容する中で、互いに協力し合い、ある目標に向かうことは大きな達成感をもたらします。例えば、今までのピア・リーディングの実践では、互いに協力して読むことによってほとんどの問題が解決されたと参加者たちは述べ、大きな達成感が示されました。達成感とともに楽しさも重要な要素です。筆者が行った実践後のインタビューやアンケートでも、参加者全員に共通して「楽しい」という反応がありました（舘岡（2006）など）。

なぜ仲間とのやりとりは好奇心を高めるのでしょうか。伝統的には内発的動機づけと外発的動機づけというように分類され、外発的動機づけは学習上、むしろ害になりうると考えられてきました。しかし、最初は内発的動機づけが低かったとしても、社会的に外発的に誘発されたことをきっかけに内発的動機づけが高まっていくということも少なくありません。仲間に教えたい、認めてもらいたい、仲間と共有したいといったことをきっかけに興味をもったり参加度を高めたりすることは実際によくあることです。どのようにしたら内発的動機づけを教育の場面で高めていくことができるかを考えるときに、ピア・ラーニングは大きな可能性をもったものだと考えられます。

また、教室をひとつのコミュニティと考えれば、コミュニティへの参加を学習ととらえる状況的学習論の考え方においても、コミュニティに参加し一員であるという実感をもつことによって、自身のアイデンティティが保障され、参加の動機が高まるというサイクルが考えられるでしょう。

本節では、「認知的側面」「社会的側面」といった分け方でピア・ラーニングのメリットを見てきました。しかし、この2面から検討をしたものの、実際には、元田・舘岡(2007)の研究では、協働的学習活動への参加を動機づける「参加の動機づけ」には、認知的要素と社会的要素がわかちがたくかかわりあっていることが明らかになりました。従来、学習研究において、認知的側面と社会的側面はそれぞれ別個に研究されてきたようなところがあります。しかし、協働的な学びを研究するにあたっては、この両者を統合的に検討するという視点が必須だといえるのです。

3.2.4.4　相互作用による学びの実態

いままでピア・ラーニングにおけるメリットについて、認知的側面および社会的側面から説明してきました。認知的側面では、第1にリソースの増大、第2に理解深化を挙げました。第1の「リソースの増大」については、学習者それぞれは独立的ですが、自身とは異なるリソースが増えるという意味でいっしょに行うメリットがあります。また、第2の相互作用により理解深化が促されるという点は、もっとダイナミックな動きで、学習者間の相互作用の中で互いに変化がもたらされたり創発が起きたりする可能性があります。そして、社会的側面では、他者との社会的関係性の構築への学びや、学習への動機づけなどにおけるメリットを挙げました。分析の観点としてとりあえずこのようにわけて考えましたが、現実の協働場面では、先述のようにこれらは同時に複合的にあるいは連続的に、それも参加者間で相互的に起きています。このことにつき、実際の例を検討しながら見ていきましょう。

次に挙げる例では、テリーとサリー（仮名）という2人の英語母語話者が自然破壊をテーマとしたエッセイを読んでいます（舘岡（2000）および（2005）参照）。狩猟解禁中、カモたちが身の危険を知って、安全な上野公園に集まってくる様子が描写されています。テキスト中の「水は濁り、深さもせいぜい20センチの池だが、ここだけは人間にカモにされない彼らの安全地帯である。」というところで、テリーはサリーになぜ上野公園が安全なのかを何度も問います[2]。なぜなら、テリーの頭の中では、狩猟解禁中なので、カモたちにとって上野も危ないと考えられているからです。

ここで興味深いのは、テリーからの質問に答える過程で、サリーが質問箇所とは別の点で自分自身の誤解に気づくということです。さらにサリーはテキストの当該箇所とその前後との一貫性の中で理解を深めていきます。

<テキスト：水は濁り、深さもせいぜい20センチの池だが、ここだけは人間にカモにされない彼らの安全地帯である。>

（　　）内は相手の発話

サリー：濁りは何？（muddy）ああ、だから、あんまりきれいな水とか立派なではないということですね。（そうですね）浅いし、濁りだし、でも、ここのいい点は人間は狩猟しない。だから、安全。

テリー：狩猟しないとおっしゃると？（狩猟、これ、この狩猟）ああ忘れた。あ、hunting.　なるほど……………。

サリー：で、せいぜいというの、わかる？

テリー：うん、少なくとも、でしょ。つまり、浅い。

テリー：でもでも、どうしてこのところはカモたちにとって安全地帯ですか？

サリー：ああ、ちがうかなあ。だまされる、カモはだまされやすい人という意味もある。あああ、（つまり2つの意味が？）例えば、idiom みたいなね、英語でも言うでしょう。なんか、sitting, sitting duck とか。（あああ、そうだね。）（笑）sitting duck といったら、すぐだれかにだまされるか、だますか ...... だから、カモにされる、っていうのは、でもこの場合は彼らを modify してるでしょう。説明してる。だから、カモにされない .... そそそ、だから人間にカモにされる、っていう sitting duck みたいな表現を実はほんとに duck カモに使っている。

（うん）彼らはカモでしょう？（うーん）だから、あの、duck は sitting duck にならない、ここで。

テリー：あのう、つまり、この水は安全ですよね（そそそそう）。でも、なぜ安全ですか。

サリー：あのう、狩猟禁止だから。でしょう？この池は。

テリー：え、それは解禁。

サリー：解禁？って何？私、間違えた？

テリー：つまり、解禁、たとえば、山本先生の午後の授業であのう、ビッグバンの法律の解禁っていうことばでてきたでしょ（はいはいはい。）。つまり、禁止というルールがなくなる。

サリー：あーあ .....。でも、でもでもでも。あのう ... あ、わかった、狩猟解禁中の時、上野公園に来る。でも、上野では狩猟はできないでしょう。

テリー：あああ、なるほど。

サリー：だから、来る .... 私、間違えたけど、その「禁」を見て禁止と思ったんですが、だからこの時期、狩猟解禁中。

テリー：ああ、なるほど、つまり安全。

サリー：他のところは危ないからここに来るでしょう？（あああ）だから、ここに直接書いてないけど、でも上野公園の中で、狩猟できると考えられない（ああああ）でしょう？だから、たぶんできない。（ああああ）

テリー：僕が最初に思ったのは、これは昔話じゃないかなと思って、なぜかと言うと（はい）あの、現在、日本では狩猟、狩猟はあんまりしないですよね（あああ）。だから、昔話で、それであのそういわれるとサリーさんの解釈があってると思うんですが最初に思ってたのは..そういうこの上野公園は安全だという.......
安全なところ......あああそうだね。(そうそうそう)ああ、わかる、わかる。

サリー：私ももっとわかるようになった。ここ、その「身の危険を知って」(そうそうそう)知ってるというのは、カモ自体でしょう？(うんうんうん)カモが自分自身で(そうそうそうそう)その危険をわかってきて、(あああ、うん)上野公園に行く、ってことでしょう(そそそそそ)。

この例では、テリーは「ここ(上野公園)はなぜ安全なのか」を何度も問うています。サリーはその質問に答えようとして、上野公園が「狩猟禁止」だと説明しますが、テリーからの指摘をきっかけに自分が「解禁＝禁止」だと誤解していたことに気づかされます。サリーはテリーに説明する過程でさらに自分の考えが整理され精緻化されていきます。その結果、テキストの最初にあった「狩猟解禁中は身の危険を知って、関東一円からここに集まってきて、二千羽になるという。」の「身の危険を知って」の部分との整合性がつき、「カモがカモ自身の身の危険を知って狩猟解禁中に上野公園に集まってくる」という一貫性のある理解へと深まっていきます。テキストの「狩猟解禁中は〜」の一文は主語が省略され表現も擬人化されているため、誰が「身の危険を知って」なのかよく理解できていなかったようです。最終的には、テリーも上野公園が安全なところだという理解に至っています。このようなプロセスは、仲間と読んだからこそ生まれたものだと言えるでしょう。

テリーとサリーは相手に質問したり説明したりすることによって、相手の発言を取り込みながら互いに理解を深めています。テリーの「それは解禁」という発言をきっかけに、サリーは「解禁＝禁止」という自分の理解の再吟味をせまられ、また、テリーは解禁のことばの意味を説明します。ここでのテリーの説明は、リソースとして機能すると同時にサリーの理解深化のための契機となっているのです。先に挙げた認知的側面の第1のメリットと第2のメリットが複合的に現れていると言えるでしょう。そのテリーの発言を取り込んで、今度はサリーが「上野では狩猟はできないでしょう」さらに「他のところは危ないからここに来るでしょう」「上野公園の中で狩猟できると考えられない」と説明しています。つまり、テリーの発言をふまえてサリーの説明が出てきているわけです。こうしてみると、それぞれの理解が独立に形成され深められるというよりも、一体となって共構築され、また深められています。テリーがあってこそのサリーの理解であり、またその逆なのです。この過程では、参加者の総和を越えたものが生み出され、2人がともに理解を深めています。ここでは創発が起きていると言うことができるでしょう。

サリーあってこそのテリーの理解、テリーあってこそのサリーの理解ということは、互いの学習は貢献をベースに相互に依存して成り立っているということです。この相手との理解の共構築のプロセスにおいて、互いに貢献できることの効力感が情意面の楽しさや達成感をもたらすと考えられます。実際にこの2人は読み終わった後に「とても楽しかった。2人で取り組んだのでほとんど解決できた」と達成感を示しています。ここでは、それぞれの学習は相互に依存していると同時に、認知的側面からも社会的側面からも分けて考えることはできません。

このように、リソースが増えたり理解が深まったりということが同時に、あるいはある面が別の面を引き出しながら、たえざる相互作用の中で交換されているプロセスそのものがピア・ラーニングだと言えるでしょう。そしてこの相互作用の連鎖を支えているのが相互の関係性なのです。ピア・ラーニングは、教室のソトに出るための準備としての学びではなく、教室という社会における構成員同士の相互作用の連鎖の中で、互いの関係性に支えられながら、相互に学び合う環境を提供しているのです。

3.2.5　ピア・ラーニングにおける学び

ピア・ラーニングにおいて仲間の学習者が重要な役割を果たすことについて述べてきました。しかし、仲間が重要だからといって、学ぶべき対象（課題）や教師の役割がなくなってしまったというわけではもちろんありません。作文であれば作文の向上を目指して作文の書き方の学習が必要なわけですし、読解であれば読むべきテキストへの学びもあります。また、教師は適切な授業デザインをし、学習が進むように場合によっては介入したり促したりして、学習者の学習活動を支援する必要があります。

ピア・ラーニングでは「学習者自身」と「仲間の学習者」と「学ぶ対象」とはどのような関係になっているのでしょうか。図3をごらんください。

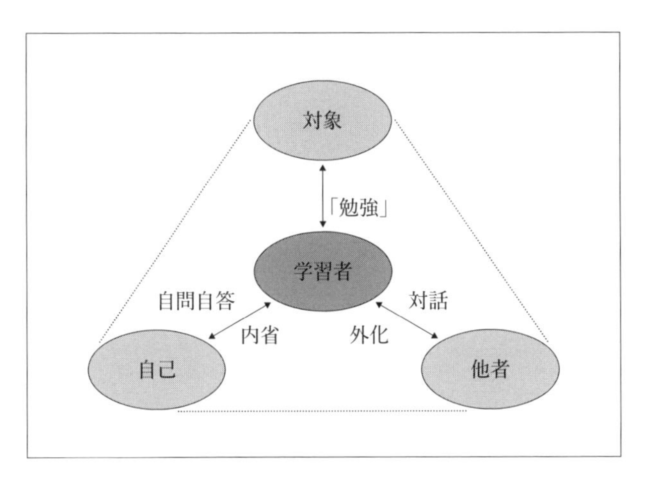

図3　協働的な学習が提供する学びの場

対話を媒介としたピア・ラーニングでは、まず中心に学習主体である学習者がいます。この学習者は「学ぶ対象」と「仲間の学習者」と「自己」を結ぶ三角形の中心にいます。学習者＝自己であるにもかかわらず、この図の中では中心の「学習者」と左下の「自己」の2つに分かれて描かれています。中心にいる「学習者」は学習活動の主体ですが、一方、「自己」というのは内なる自己で内省の対象となります。実線の矢印は、「学習者」が「学ぶ対象」と「自己」と「他者」にアクセスしていることを示しています。また、フィードバックがあるという意味で、逆向きの矢印もあります。学習者をとりまく「対象」「他者」「自己」について順に見ていきましょう。

まず、図3の上部にある「学ぶ対象」というのは、学習者を取り巻く社会や世界を指しています。たとえば、読解学習であれば、読むことそのものが学習対象であるかもしれないし、環境問題について何かを学ぶのであれば環境問題が学ぶ対象です。従来の授業ではこの学ぶ対象への学習（課題）が中心となっていますが、ここでの学習は狭い意味での学習であり、広義の学習と区別するためにあえて「勉強」と呼ぶことにします。

右下の「他者」は仲間の学習者であり、他者とは対話を通してつながっています。学習者は「他者＝仲間の学習者」と対話をすることによって、自己とは異なった他者から学ぶことができます。ここで、学習者と対象と他者を結んだ三角形は、他者との対話によって学ぶ対象への理解が促進されたり深まったり拡がったりする世界を意味しています。

また、学習者は左下の「自己」との対話を通して内省を深め、自分の考え、ものの見方、さらに言えば生き方や自分が何者なのかを探求していきます。自己は学習者にとって気づき、発見していく対象なのです。学習者と対象と自己を結んだ左の三角形は、対象への学びの過程で自問自答を繰り返し、対象を学ぶと同時に自己の考え方や見方を吟味することを意味しています。換言すれば、対象について学ぶ過程で学習者自身が考え、たえず自分自身にフィードバックをかけ自己と対話をし、内省する中で自分自身を見直し発見していくということでもあります。このように考えると、自己とたえず対話をしながら学ぶことは、より自律的な学びとなる可能性があるでしょう。

一番下の三角形は、学習者と自己と他者を結ぶもので、他者との対話を通して、自己自身を見つめ直し学んでいくというものです。

協働的な学習の場では、学習者を中心としてこの３つの三角形が形成されています。学習者をとりまく「対象」「他者」「自己」の３つはそれぞれ独立に学ばれると同時に、相互作用でさらに深く学ばれます。知識偏重教育では、「学ぶ対象」との関係（図３の中の「勉強」の線）しか、それも体験を重視せず知識に偏った学習（勉強）しか成立しておらず、他者との対話や自己への内省がとても弱かったのではないでしょうか。たとえ他者との対話の場があり、対象への知識が増えたとしても、自己とは関係ない世界でそれは進んでいたかもしれません。自分自身に見直しがかかり、自分が変わるという意味での学習が起きにくかったと言えるでしょう。学習者を中心としてこの三者が一体となってこそ、それぞれの学びのサイクルはさらに促進されると思われます。つまり、この三位一体はスパイラルとなって進化するのです。協働的な学習というのは、この三者の学びを成立させ促進させうる場を与えるものだと言うことができます。

この中でとりわけ、自己に向かう矢印、つまり自問自答をしながら内省することが重要だと考えます。この部分が強くならないと、対象や仲間との関係が深くなっても自分自身を振り返って変革するような事態は起きないからです。

ピア・ラーニングにおける学びをこのように考えると、おのずと教師の役割もみえてきます。教室の前に立って学習者たちが知らない知識を一方的に伝授するというよりも、上述の三角形を下から支え、それらが三位一体となるように促進するという役割が重要になってきます。また、このようなサイクルが成立し、よい循環がスパイラルに続いていくよう授業をデザインするのも教師の役割です。この三者は用意すれば三位一体となるというものではなく、教師のある意味での介入や促しによって一体化し[3]、対象への学びがさらに深まり、他者との対話が深まり、そして自己への内省が深まるのではないでしょうか。このような三角形をイメージしながら、ピア・ラーニングの実践編へと進みましょう。

3.3　ピア・ラーニングの実践へむけて

すでに述べたように、ピア・ラーニングとは仲間同士で学び合う学び方です。つづく第4章と第5章では、実際に作文と読解を例にピア・ラーニングの実践についてご紹介します。それに先立って2点述べておきたいことがあります。

第1は実践研究の視点です。舘岡(2008: 43)では、実践研究とは「教師が自らのめざすものに向けて、その時点で最良と考えられる学習環境をデザインし、よりよいと思われる実践を行い、それを実践場面のデータにもとづいて振り返ることによって、次の実践をさらによくしようとする一連のプロセスである」と定義しています。

ピア・ラーニングというのは学習者を主体とした学習方法であり、そこでの教師の役割は学習者が学習できるようにその環境をデザインし、学習者の学習を支援することです。そのプロセスは学習の環境をデザインし、教室で実践し、その実践を授業後に振り返り、さらに工夫を重ね次の実践に臨むという実践研究のサイクルによって成り立っています。ここでのデザインは大きな抽象的な意味でのデザイン（どのようにすると学習者の学びは深まるかという仮説）と当該学習にかかわる具体的なデザイン（その仮説を実現するには教室での授業をどう進めていくか）の２つのレベルがあると思います。「研究」というと、実際に教室で教えることとはかけ離れているように感じられるかもしれませんが、筆者自身は上述の実践研究のサイクルの中の振り返りをもとに、さらに工夫を重ね、２つのレベルのデザインを検討し続けるプロセスが「研究」だと考えています。振り返る時点では、実践を自分自身で冷静に振り返ると同時に、学習者にアンケートを実施したりインタビューをしたり、またビデオ録画をしてひとりであるいは自分以外の人といっしょに見ることも大変有益だと思います。いずれにせよその振り返りをふまえ、次の実践に向けて改善をしていきます。このとき必要があれば文献を読むこともあるかもしれませんし、日ごろから関心のある領域について学び続ける必要もあるでしょう。この過程で大変重要かつ役に立つのは、仲間の教師とのディスカッションだと思います。職場でのディスカッションから研究会での発表まで、それこそ教師自身のピア・ラーニングです。実践例を読んでいただくにあたり、第１に実践と研究とは一体化したものであり、全ての教師は実践研究をすべきであるということを主張したいと思います。

第２は第１の点ともつながっているのですが、自分の現場にあわせた方法を考え出してほしいということです。これからご紹介する実践例も「How to ＝やり方」として決まった手順があるのではなく、筆者たちの特定の現場にあった方法として考えられ実践されたものであって、おそらく現場が異なれば方法も異なってくると思われます。タスクシートにはどんな内容を盛り込むか、タスクシートはどの時点で配付するか、そもそもタスクシートが必要なのかなど、それはその現場において最もふさわしいものがあるにちがいありません。ピア・ラーニングの「やり方」ではなく、むしろそのコンセプトをご理解いただき、そこから出てきたアイディアを参考にみなさんの現場に合ったものを考案していただきたいと思います。そのとき、ご自身の現場での実践研究が必要になってくることは言うまでもありません。

注

1　ピアジェを代表とする構成主義(Constructivism)に対して、「社会的構成主義」は、社会的な影響を強く受けているとするヴィゴツキーらのSocial constructivismを和訳したものである。一方、ガーゲン(2004: 89)では、対話が社会的な関係の中で果たしている機能を何よりも強調して、Social constructionismという考え方を提示し、これを「社会構成主義」と訳している。ヴィゴツキーらのSocial constructivismは、上記ガーゲンでは「社会 - 心理的構成主義」と訳されている。

2　テキストは「朝、上野の不忍池にカモを見に行った。狩猟解禁中は身の危険を知って、関東一円からここに集まってきて、二千羽になるという。」という文で始まる。「水は濁り……」の文は、第2段落の最後の文である。

3　牛窪(2005)は学習者主体における教師の役割について、引き出し、突き合わせ、突き戻すことを主張している。

参考文献

秋田喜代美(2000)『子どもをはぐくむ授業づくり』岩波書店.
牛窪隆太(2005)「「学習者主体の教室活動」における教師関与—共有化／個人化観点から

の一考察」『早稲田大学日本語教育研究』7 号　pp.41–52.

岡崎敏雄・岡崎眸（1990）『日本語教育におけるコミュニカティブ・アプローチ』凡人社.

ガーゲン , ケネス・J（東村知子訳）（2004）『あなたへの社会構成主義』ナカニシヤ出版.

仮屋園昭彦・丸野俊一・加藤和生（2001）「情報統合型議論過程の解釈的研究」『鹿児島大学教育学部研究紀要（教育科学編）』52　pp.227–257.

古賀万紀子・古屋憲章・孫雪嬌・小畑美奈恵・木村かおり・伊藤茉莉奈（2021）「日本語教師の役割をめぐる言説の変遷」舘岡洋子編『日本語教師の専門性を考える』pp.41–54. ココ出版.

佐藤公治（1996）『認知心理学からみた読みの世界―対話と協同的学習をめざして』北大路書房.

佐藤公治（1999）『対話の中の学びと成長』金子書房.

舘岡洋子（2000）「読解過程における学習者間の相互作用―ピア・リーディングの可能性をめぐって」『アメリカ・カナダ大学連合日本研究センター紀要』23　pp.25–50.

舘岡洋子（2005）『ひとりで読むことからピア・リーディングへ―日本語学習者の読解過程と対話的協働学習』東海大学出版会.

舘岡洋子（2006）「読解授業における教師主導と協働的学習―２つのアプローチから協働の教室デザインを考える」『東海大学紀要　留学生教育センター』第 26 号　pp.33–48.

舘岡洋子（2008）「協働による学びのデザイン―協働的学習における「実践から立ち上がる理論」」細川英雄・ことばと文化の教育を考える会編『ことばの教育を実践する・探求する―活動型日本語教育の広がり』pp.41–56. 凡人社

舘岡洋子（2010）「多様な価値づけのせめぎあいの場としての教室―授業のあり方を語り合う授業と教師の実践研究」『早稲田日本語教育学』7　pp.1–24. http://hdl.handle.net/2065/29807

Brown, J.S., Collins, A. and Duguid, P.（1989）（杉本卓訳）「状況に埋め込まれた認知と学習の文化」石崎俊・波多野誼余夫編『認知科学ハンドブック』pp.36–51. 共立出版.

細川英雄（1995）「教育方法論としての「日本事情」―その位置づけと可能性」『日本語教育』第 87 号　pp.103–113. 日本語教育学会.

細川英雄（1999）『日本語教育と日本事情―異文化を超える』明石書店.

細川英雄（2002）『日本語教育は何をめざすか―言語活動文化活動の理論と実践』明石書店.

元田静（2005）「協働的学習活動に関わる日本語学習者の情意的・社会的変数―自尊感情・雰囲気・モラールを中心に」『東海大学紀要　留学生教育センター』第 26 号　pp.19–29.

元田静・舘岡洋子（2007）「短期集中日本語授業における協働的学習―認知面と情意面の観点から」舘岡洋子（研究代表者）『日本語教育の授業場面における協同学習』（平成16年度～18年度　科学研究費補助金　基盤研究（2）（C）課題番号16520326研究成果報告書）pp.27–86.

ロゴフ ,B.（当眞千賀子訳）（2006）『文化的営みとしての発達―個人、世代、コミュニティ』新曜社.（Barbara Rogoff. 2003. *The Cultural Nature of Human Development*. Oxford University Press, Inc.）

Collins, A.（2006）Cognitive Apprenticeship. In R.K.Sawyer（ed.）, *The Cambridge Hand book of the Learning Sciences*. pp.47–60.

Collins, A. Brown, J. S. and Newman, S. E.（1989）Cognitive Apprenticeship: Teaching the Crafts of Reading, Writing, and Mathematics. pp.453–494. In Resnick, L.B.（ed.）*Knowing, Learning, and Instruction: Essays in Honor of Robert Glaser.* Hillsdale, NJ: Erlbaum.

Lave, J. and Wenger, E.（1991）*Situated Learning: Legitimate Peripheral Participation*. Cambridge: Cambridge University Press.（佐伯胖訳（1993）『状況に埋め込まれた学習』産業図書）

Nunan, D.（1988）*The Learner-Centred Curriculum*. Cambridge: Cambridge University Press.

Wood, D. Bruner, J. S. and Ross, G.（1976）The Role of Tutoring in Problem Solving. *Journal of Child Psychology and Psychiatry*. 17. pp.89–100.

第4章　ピア・レスポンス

4.1　ピア・レスポンスとは

本章では、ピア・ラーニングの作文学習活動であるピア・レスポンスを取りあげて紹介します。ピア・レスポンスとは、作文の推敲のために学習者同士がお互いの書いたものを書き手と読み手の立場を交替しながら検討する活動のことです。通常は2名から4名程度の小さいグループを作って話し合いを進めていきます[1]。ピア・レスポンスは第1章で述べた協働の概念に支えられる作文学習方法です。

ピア(peer)とは仲間・同僚の意味、レスポンス(response)は、一般に質問、感想、意見、情報提供の発話とされていますが、私はこれに加えて、うなずきやフィラーなどの周辺言語や顔の表情、目の動きなどノンバーバルコミュニケーションの要素も含むと考えています。

本章では、まず、4.2でピア・レスポンスが協働学習の考え方に支えられる学習方法であることについて解説します。4.3では、英語母語教育(以下、L1教育とする)のピア・レスポンスが英語第二言語教育(以下、ESLとする)へ応用されたことについて、4.4では、日本語作文教育への応用の経緯について解説します。最後に4.5では、日本語作文のピア・レスポンスをデザインする際の5つのポイントについて私の実践例を紹介しながら解説していきます。ここでは、ピア・レスポンスのような参加型学習活動に馴染みのない学習者のためのデザインの工夫として紹介します。

4.2　協働学習としてのピア・レスポンス

ピア・レスポンスは協働学習の作文学習活動のひとつです。ではピア・レスポンスのどういうところが協働学習なのでしょうか。本節では、本書第1章で挙げた協働学習の5つの要素(「対等」「対話」「プロセス」「創造」「互恵性」)の観点からピア・レスポンスの協働性について述べます。

まず、第1に「対等」について考えてみます。ピア・レスポンスでは、書き手と読み手の立場を設定します。書き手は自分の作文をよくするための手がかりを得ることが目的です。一方、読み手は書き手の文章を分析・理解し、書き手の推敲活動に協力することが目的です。両者とも作文課題をもつ書き手ではありますが、自分の作文を良くするという共通の目的の下に、各役割(書き手・読み手)に課された責任を担って、対等な関係で活動に参加することになります。また、多文化クラスでは、学習者の文化背景や教育背景にさまざまな側面で大きな違いがあります。こうした違いをお互いが認め合うことによって、両者の間に対等な関係性が成り立ちます。

協働の第2の要素は「対話」です。ピア・レスポンスの活動は、互いの作文を媒介とした「対話」が中心となります。読み手からのレスポンスがきっかけとなって、話題はさらに広く深く発展していく可能性があります。この可能性を追求するために、学び手それぞれは自分とは異なる相手の考えや価値観を知り、自分も共有するために意味付けをしながら対話を進めていきます。したがって、ピア・レスポンスの話し合いは、対話による意味付けのプロセスを仲間同士で創り出していく活動だと言えます。

第3の要素は「プロセス」です。ピア・レスポンスにおけるプロセスとはレスポンス活動としての対話のプロセスであり、ピア活動を経てドラフトがより洗練された原稿へ向かうプロセスであり、さらには自分が書いたテキストや自分自身との対話も起きるでしょう。この多層に進行するプロセスがピア・レスポンスには起きているはずです。

第4の要素は「創造」です。ピア・レスポンスは創造を生み出すことを目的とした活動です。文章はもともと書き手の「創造物」であり、レスポンス活動では自分の創造物を読み手に理解してもらうために説明し、さらによくする手がかりを得ようとします。つまり、書き手の書いたドラフトは、レスポンス活動を経て、精緻化、洗練され、さらにアイディアが追加されて、発展した創造物となっていきます。

第5の要素は「互恵性」です。ピア・レスポンスの活動では、学習者は書き手と読み手の両者の課題を遂行します。ピア・レスポンスにおいて、読み手が書き手の文章をよくするために協力することは、書き手のためだけでなく、実は自分の学習を同時進行しているのです。また、学び手ひとりひとりは、そもそも抱えている個人の背景が違いますから、レスポンス活動ではそれぞれの不足部分が仲間によって補完されます。さらには、一緒に新たな文脈を創造していくこともします。したがって、この活動は、活動に関わるそれぞれの学び手に対し、学びの機会と学びの成果がもたらされるという意味で互恵性があるといえます。

このように、ピア・レスポンスには、協働の5つの概念要素を確認することができます。協働学習としてのピア・レスポンスを認知的観点と社会的観点から意義付けるならば、次のようにまとめられるでしょう。

1)　学び手の批判的思考を活性化しながら進める作文学習
2)　作文学習活動を通した社会的関係作り（＝学習環境作り）

4.3　L1（第一言語）教育からL2（第二言語）教育への応用

ピア・レスポンスは、もとは英語の母語の作文教育に提案されました。Elbowは1973年に *Writing without teachers* という本の中で、教師が介入しないで学習者同士の学びの意欲を高め、自律的な学びの場を作る学習方法だとしています。その後、Elbowらは英語L1作文教育用に具体的な活動手順をもつ新たな学習方法としてピア・レスポンスを提案しました（Elbow 1993）。

やがて、この学習方法は外国語作文教育にも応用されることになります。現在ではアメリカのESL（English as second language）においてピア・レスポンスは最もポピュラーな学習方法です。その研究については90年代の初頭から盛んに行われ、ReidやMittanをはじめとするESLの作文研究は現在までいくつもなされてきました。ESLで実施されているピア・レスポンスの利点についてFerris and Hedgcock（1998）は次のようにまとめています。

1）学習に積極的に参加できる
2）仲間から与えられる刺激によって自分の考えが整理できる
3）学習者同士、または教師と学習者の間の緊張の低い話し合いの中で、創発が起きる
4）書き手は実際の読み手からの質問や意見などのレスポンスが得られる
5）多様な視点からのフィードバックが得られる
6）書き手は読み手が理解できたところや不明確な部分について知ることができる
7）仲間の文章を分析したり修正したりするために必要な批判的スキルを向上させることができる
8）仲間の弱い面や優れた面を分かり合うことで、互いに信頼を高めることができる

ESLに応用されたピア・レスポンスは、L1教育のモデルそのものとは内容が多少異なっています。この2つのモデルの大きな違いは、L1教育モデルでは読み手からの批判的レスポンスが活動の開始段階から積極的に出されるのに対し、L2モデルでは読み手はまず相手の考え方を理解したことを示すレスポンスを提示し、次に書き手の文章を十分に検討するための確認のレスポンスをします。その上で、批判的視点からのレスポンスへと進むように設定されています（Reid 1993: 210-212）。

4.4　日本語作文教育への応用

書き手への配慮が工夫されたESLのピア・レスポンス活動をもとに、私は日本語教育への応用モデルを考案しました。この応用モデルでは、これまでの第二言語教育のピア・レスポンス研究の成果や日本語教育の背景を踏まえた上で考案しました。その結果、日本語教育への応用には、とくにアジアの教育背景をもつ日本語教師たちのことを配慮しました。

これまで、私は自分が考案したモデルのいくつかを日本語教育関連の報告の場や講演、研修、ワークショップなどで紹介してきました（池田2021）。こうした場ではピア・レスポンスに対する日本語教師の関心はとても高いものでした。しかし、同時に否定的なコメントも少なくありません。「実施してみたがうまくいかない」「もっと細かい部分の進め方がわからないので不安」「まったく失敗だった」、あるいは「ピア・レスポンスでは作文の質があまり上がらないので、学生が満足しない」、「活動をどうしても嫌がる学生がいるので、なかなか採用できない」などです。残念ながら、私はこうした方々の不満や疑問に即答する回答は持ちえません。なぜならば、私には皆さんの教室の学習者や教室環境、その他、さまざまな条件の詳細な情報がないからです。たしかに、日本語学習者用の活動モデルとして私は日本語ピア・レスポンスを考案しましたが、これは決してどの日本語クラスでも通用するというものではありません。ピア・レスポンスを日本語教室で実践するには、クラスを担当する教師自身が目の前の学習者や教室環境を踏まえて適切に授業デザインを行う必要があるのです。その際、日本語ピア・レスポンスのデザインは、L1英語教育やESLの場合よりもさらに困難な点があることを忘れないでほしいです。では、ピア・レスポンスを日本語教室でデザインしようとするときの困難はどこにあるのでしょうか。その要因となっているのはなんでしょうか。

4.4.1　日本語ピア・レスポンスの困難点

ピア・レスポンスは、もとは欧米の英語L1教育（いわゆる国語教育）で考案され発展してきた学習方法です。欧米の教育では小学校低学年から生徒同士に話し合いをさせ、批判的思考や論理的思考に基づいた意見の述べ方や文章の書き方の学習があります。こうした教育背景にあった学習者は討論型の学習活動に慣れています。そのため、外国語や第二言語学習においてピア・レスポンスを実施しても違和感や抵抗は少ないでしょう。これに対し、アジアのように教師主導型の教育を長く受けてきた学習者は、次ページの写真のような一斉授業が当たり前で、参加型や討論型の授業には馴染みがありません。こうしたアジアの学習者にとっては、ピア・レスポンスの授業は戸惑いや強い抵抗を感じる学習活動となることが予想されます。ここが日本語作文学習にピア・レスポンスを採用する上での第一の困難点だと言えます。

さらに、もうひとつ困難点があります。それは、ピア・レスポンスを実施しようとする日本語教師自身の教育背景です。日本語教師とひとくちに言っても、もちろんその背景はさまざまです。ですから、ここで困難だというのは、日本を含むアジア諸国で教育を受けてきた日本語教師のことです。私自身の例からもピア・レスポンス実施の困難は、学習者よりもむしろ教師の問題のほうが大きいのかもしれません。だからと言って、教師が慣れている従来どおりの添削指導をすればいいという結論にはならないと思います。教師添削中心の指導の問題は、これまで作文教師のほとんどが抱えてきたものだからです。

4.4.2　教師添削中心の作文指導

ここで私自身がピア・レスポンス実施以前に行っていた添削指導だけで進める作文の授業展開を改めて振り返ってみます。おそらく、多くの作文教師は、私と同じような悩みを抱えたまま作文授業を進めてこられたのではないでしょうか。

まず、授業の始まりの時点で教師が準備した作文課題を学習者に提示しま

一斉授業の教室風景

す。たいていはこの作文授業の前に扱った文法、語彙、表現の学習の復習になっています。または、作文のテキストに出てくる語彙や表現、文法の学習をプレ学習として設定します。学習者は決められたテーマやタイトルにそって、ひとりで黙って構想を練り始めます。頭の中で内容がある程度決まった学習者は、まず作文全体の構成をあれこれ考え始めるでしょう。また、ある学習者はまったく計画もなしにいきなり文章を書き始めるかもしれません。作文作業開始の際に、教師は「どうやって書くか」の指示を学習者に与えていません。こうして、作業の大半を学習者は各自が黙って書くことに専念します。やがて、作文を書き終えた学習者は教師に提出しますが、提出前に何度か読み直す学習者もいれば、書いたらもう二度と見たくないという様子でペンを置くが早いか、さっさと教室を出て行く姿もあります。そして、ここからがいよいよ作文教師の試練の始まりです。教師は時には授業の数倍もの時間をかけて学生の作文のひとつひとつに丁寧な添削をしていきます。日本語を母語としない学習者の作文を添削するのは、作文教師にとって時間的にも精神的にも煩雑を極める負担の大きい仕事となります。

一般に、使命感の強い几帳面な教師ほど細かく丁寧な添削をするので、学習者の原稿は白黒から赤色に染まった原稿になってしまいます。では、教師たちは学習者の作文のどのようなところを赤字で修正・コメントしていくのでしょうか。たとえば、語彙や表記の間違い箇所、文法間違い、不正確な表現や文字の訂正でしょうか。また、こうした部分的な指摘ではなく、意味の通じない段落をまるごと書き直す教師もいます。さらには、実は間違っているとは言えない文章までも、より美しい表現へと直してしまう親切な（？）教師もいるかもしれません。あるいは、教師が学習者の意見や感想までも、それが教師自身のもつ規範からはずれていると判断して大幅に書き直してしまうこともあるかもしれません。

こうして、学習者の作文に次々と赤字で修正を入れていった教師添削後の作文は、やがて学習者の手元に返却されます。さて、作文を返却された学習者本人は、これをいったいどのような気持ちでそれを見るのでしょうか。かつて添削指導をしてきたひとりの教師として私のこれまでの指導経験をひとことで言えば、「苦労は報われないもの」でした。

下に実際に日本語学習者が過去に受けた添削指導を振り返って述べた感想をとりあげます。添削指導をしてきた日本語教師にとっては、かなり耳が痛いことばです。

◆（フランス語の作文の）先生はいつも僕の知らないきれいなことばで直してくれた。それはとてもいやだった。（イギリス人学習者）

◆先生が赤ペンでチェックしたものが自分はたくさんある。「なんか私はだめだな」って感じたんです。（韓国人学習者）

◆私は国では新聞記者です。文章を書くのはとても好きです。でも、日本語は難しいです。だからなかなか上手に書けません。（台湾人学習者）

◆先生が直したことは私が言いたかったこととちょっと違う。でも、きれいな文章だからこれでいいのかな。（中国人学習者）

◆いつも先生が直してくれるから。でも、私は作文が上手になりますか。（ベトナム人学習者）

他にも、教室ではこんな声が私の耳に届いたことがあります。

「こんなに間違っていやだな。だから作文は嫌い。」
「こんなにいっぱい間違っている。私はやっぱり書くのはだめなんだ。」
「先生の言われるとおり、習ったことを正確に書けばよかった。無理しすぎたかな。今までに習った表現だけ使えばよかった。」
「先生が書いてくれたところ、どういう意味だろうか。私の書いたことと同じだろうか？」
「私の書いた表現は間違い？　それとも子どもみたいな文だから直されたの？」
「先生がたくさん直してくれるから、私はあまり頑張ってかかなくてもいいかな」

教師が苦労して添削する時間と労力は、なんとかして報われる方法はないのでしょうか。教師添削はこちらが期待するほどには学習者に貢献しないどころか、やり方によっては学習意欲を削いでしまう原因にもなるという事実を、私たち教師は肝に銘じておかなければなりません。これらの感想を見てもおわかりのとおり、学習者に対する配慮のない添削は、学習意欲をこんなにも削ぐものなのです。だからといって、教師添削がまったく意味がないというわけではありません。教室の中では、学習者の文字や文法の間違いを確実に指摘し、日本語母語話者のような文章に修正できるのは日本語教師しかいません。たとえば、文章の内容には触れなくてもいい、正しい日本語が書きたいから、先生に文法や語彙の間違いを直してほしいだけだという学習者に対しては、従来の教師添削のほうが期待に応えることができるのかもしれません。ただ、そう言ってしまうと、作文の学習はことばの形のための学習でしかないという考え方を認めてしまうことになります。ここにはやはり大きな疑問が残ります。ことばの形と意味や内容とは切り離して学習することができるものでしょうか。そもそも何のために人は文章を書くのでしょうか。

外国語で文章を書く必要が出てくるのはどのようなときか、その学習はどうあるべきなのか、といった根本的な疑問にもどってみてはどうでしょうか。

第二言語としての日本語で書く能力は、誰かに何かを日本語で伝え表現しなければならないときに必要となる能力でしょう。それはコミュニケーションの道具としての第二言語の能力と言えます。また、一方では第二言語に限らず文章を書くことは、目的に向って書き手の頭の中を活性化し、知識を整理し、書いた段階から先の学習へと進むステージを作っていく思考活動でもあります。そうであるならば、作文の学習にはまず、書き手自身の思考のプロセス、他者とのコミュニケーションの目的をもつ「書き手」であるために「読み手」の要素も不可欠となるのではないでしょうか。

ところが、教師からの一方的な、しかも早すぎる段階に実施される教師添削指導では、学習者に対して、こうした思考活動のプロセスもコミュニケーション活動の機会も用意されないまま、ただ言語形式の正確さが求められる作業になってしまいます。添削中心の指導では、作文の読み手は常に教師ひとりに限定され、学習者の思考のプロセスも考慮されていません。書いているときの書き手の内的思考活動はあるのかもしれませんが[2]、何度も読み直し、現実の読み手の視点を手がかりとしてさらに検討する思考活動の機会は与えられません。早すぎる教師添削によって、書き手の作文は教師の誘導する文脈へと強制的に進まされます。教師添削への批判的意見として、細川（2004）は次のような指摘をしています。

> 学習者は教師の添削を受けることで、いつのまにか自分で「考えること」をやめてしまってはいないでしょうか。たとえば、テニヲハは日本語の命であり、これを忽せにはできないという日本語教師は多いと思います。しかし、同時に、もしテニヲハが文章の命だとしたら、学習者の文章中にテニヲハを修正したとき「正しい日本語」の名のもとに学習者の命、すなわち彼ら一人一人の「考えていること」の自律と尊厳を封じ込めてしまうことにはならないでしょうか。（細川 2004: 27）

第二言語教育の作文研究によれば、実際の教師添削は、そのほとんどが書かれている文章の内容的な部分には及ばず、表面的なことばの形の指摘に限定される傾向があるという結果が出されています。その理由の第1は、教師が添削にかける時間の問題です。添削は作文教師にはあまりに負担の大きい仕事となっている現状があります。だから教師は内容にまで深く検討した添削を行わないという理由です。第2の理由は、言語教師はことばの指導をするのが主たる役割であり、内容に踏み込んだところまでコメントするべきではないというものです。第3は、言語教師は学習者の作文の内容面について詳しい情報をもっているわけではないので、内容理解を前提とする作文指導はできないという理由です。したがって、作文教師の役割は、単に書かれた原稿の点検者として、正確な形であるかどうかをチェックするだけになってしまうのです。しかし、ここでもう一度、人が文章を書くという行為の本質と、第二言語で文章を書くことの意義を考えてみてください。そして、その上で作文教師の使命を問い直してみる必要があります。書き手の思考の機会を奪い、書き手が表現したい内容や意味を軽視した修正を強制することが作文教師の役割ではないはずです。

4.4.3　日本語作文学習の新しい提案

最近では、前述したような旧来の日本語作文指導はほとんどしないのかもしれません。日本語教師の多くはすでにこうした語彙や文法テストのような作文授業の方法に疑問を感じ、より効果的な指導方法を模索しながら、あれこれと改善策を試みているはずです。たとえば、これまでに出された作文授業の提案を見ると、教師添削の問題点の解決策と思われる改善案もいくつかあります。筆者の知る限りでは、次のような提案があります。

・母語によるピア・レスポンス活動を作文推敲につなげる。（広瀬 2000）
・作文を書くときに、日本人サポーターに教室に来てもらい、学習者との協働的なかかわりの中で日本語の支援をしてもらう。（吉本ら 2005）

・仲間の読み手に作文を読んでもらい、読み手の言葉で内容を再生してもらう。（大島ら 2005）
・書く前にアイディアシートを作り、その後に作文を作成させる。（吉田 2008）
・研究論文作成の長期過程にピア・レスポンスを取り入れて進める。（石黒・鳥日編 2020）

これらの提案が示唆しているのは、日本語作文学習においては書くことによる思考活動の活性化、書く目的の明確化、読み手の視点の意識化だといえるでしょう。

4.4.4　添削指導からピア・レスポンスへ

添削指導を中心とした作文学習では、極端な言い方をすれば、教師に読んでもらうために書く文章だから教師に正しいと判断され、教師に面白いと評価されるものを書くことが隠された学習目標となっていました。一方、ピア・レスポンスは現実の読み手を明確にした学習であり、自分の言いたいことはどう表現できるか、それは誰に読まれるのかという作文の目的が明確にされた学習方法です。また、読み手と書き手との間で行われるレスポンス活動は、文章を媒介とした現実のコミュニケーション活動そのものです。こうした点でピア・レスポンスは、添削指導にあった大きな問題点を克服する活動として期待できるものです。

ところが、ピア・レスポンスをアジアの学習者を対象とする場合、しかもアジア出身の日本語教師が実施しようとする場合、これは容易なことではありません。ピア・レスポンスが生まれた欧米で行われているやり方を知り、その手順に従ってアジアの教室で行ってみたところで、その活動の意義は見出せず期待した活動展開も見られるものではないからです。それどころか、学習者はこれまでの学習経験とのギャップから、ピア・レスポンスに戸惑いを感じ、作文学習に対しての苦手意識をさらに助長するきっかけともなりかねません。ピア・レスポンスにおけるアジアの学習者のビリーフについては田中(2005)の研究に詳しくあります。何の配慮もないままアジアの教室で実施した場合、学習者には相当抵抗のある活動だということが分かります。一方で、池田(2000、2004、2009)では、ピア・レスポンスに抵抗を示す日本人学生であっても、コースデザインの工夫によっては次第に慣れてくるという結果もあります(池田2009、原田2008)。

もうひとつ重要な点は、作文学習のピア・ラーニングは他の技能学習よりも学習者自身にとってリスクが大きい点です。なぜならば、文章とはたとえ数行の文であっても書いた人の人格の一部のようなものだからです。何を書くのか、どう書くのかという行為を通して、書き手の内面が文章中に表出されるものだからです。つまり、ピア・レスポンスは人の内面に直接向き合う度合いの高い学習活動だと言えます。そのため、教師が何の配慮もしないまま学習者同士に作文を交換させて互いに制限もなく自由に話し合わせてしまうと、教室にとても大きな落とし穴を作ってしまうことになりかねません。

日本語ピア・レスポンスを実施する際の鍵は、この困難点やリスクへの配慮の方法にあると思います。教師のデザイン次第で、学習者は自分にとって馴染みのない活動への参加が可能になり、これまでの学習観と異なる学習への参加体験によって新たな学びの場を獲得することができると私自身は確信して実践してきました。

ここに筆者がピア・レスポンスを実施した日本語クラスでの学習者の内省シートから抜粋したものを挙げます。彼らは教師主導の教育背景をもつアジアの学習者でした。これまで経験したことのないピア・レスポンスの作文コースでの学習体験を次のように受け止めていました。

◆授業中に議論するのは日本へ来てからのことです(初めて)。中国では授業中に話したらいつも注意されているから。今日はちょっと(周囲が)うるさかったです。でも、ペアの相手は積極的に協力し合い、お互いにいいアイディアが学ぶようになる(互いに学び合える)。　(中国人留学生)

仲間の文章をじっくり読み合う

仲間同士で議論を深める

◆相手と話していて、自分のテーマについて新しい問題が出た。もっと調べるところが分かった。でも、ちょっと2人の時間が少なかった。
（中国人留学生）

◆一番面白かったのはピア・レスポンス。人と話していると頭の中がはっきりしてきて、また、新しい考えが出るので楽しい。　（韓国人留学生）

◆私の書いたことに人からコメントをもらえるのが楽しい。私がコメントしたことをきいて書き直してくれるのがうれしい。（ベトナム人留学生）

◆友達の考えはおもしろい。私とちがうから。　　（マレーシア人留学生）

4.5　日本語ピア・レスポンスのデザインポイント

私は、これまでの自身の日本語ピア・レスポンスの実践経験から、アジアの学習者のように参加型授業活動に馴染みのない学習者を対象としたピア・レスポンスの実施に向けて、次の5つのデザインポイントを提案します。

1）　緩やかな導入
2）　活動目的と手順の明示
3）　グループ編成の工夫
4）　支援者としての教師の役割
5）　自己評価と仲間評価活動

以下では、これら5つのデザインポイントについてそれぞれ解説していきます。その際、具体的な活動例として私自身が実施してきたものをご紹介します。私自身がピア・レスポンスを採用してきた作文クラスは、これまでに50クラス以上ありますが、そのほとんどが参加型学習の経験がない、中国や台湾、韓国、タイ、ベトナム、インドネシアなどアジアの教育背景をもつ学習者が大半を占める教室でした。そのため、私は授業デザインの際に、活動に馴染みのない学習者への支援を工夫してきました。なお、ここで挙げる活動例は私自身の担当した特定クラスの学習環境において考案したものなので、ピア・レスポンスの基本型という意味ではなく、まして、どのクラスにも汎用性のある活動などではありません。教師自身が体験のない協働学習のデザインを考える上で参考にしてほしいという思いで実践例を紹介し、その実践上のポイントも挙げます。

4.5.1　ポイント1：緩やかな導入

この節では、ピア・レスポンスを作文コースで採用しようとする際に、参加型の学習活動に馴染みのない学習者を考慮した「緩やかな導入」の工夫について解説します。

4.5.1.1　作文学習背景の振り返り

一般に、ひとつの授業コースの最初には、オリエンテーションとしてシラバスや授業の進め方、成績評価方法などの説明を行うのが通常だと思います。私の場合、ピア・レスポンスを採用した作文コースでは、ピア・ラーニングの学習観やピア・レスポンスの活動意義とその方法について説明を丁寧に行うようにしています。

私がピア・レスポンスを始めたばかりの頃には、初回の授業の30～40分を使ってピア・ラーニングの学習観や意義、そして具体的な手順について口頭で説明しましたが、経験のない学習者にとっては、理解がなかなか難しいようでした。こちらが説明している先から学習者の顔はたちまち不安な表情になっていきました。そこで、それ以後は口頭の説明を短縮し、コースの最初の２〜３コマを使用して活動参加のための導入セッションを設けることにしました。この導入セッションでは、学習者自身が自分の学習経験をしっかり振り返り、これから行う新しい学習方法を理解し、納得してもらうことを目指しました。自分の学習背景を振り返るための方法として、私は下の例１のような活動を行っています。

活動例１：作文学習経験についてのアンケート

＊なお、言語レベルによっては、母語による質問紙に作り変える場合もあります。

◆このアンケートは、この授業での作文学習の方法を効果的に行うためのものです。調査の目的は、第一に、皆さんのこれまでの作文学習経験を知り、私が皆さんに適した授業内容と方法を計画するために参考にすることです。第二に、これから行う学習方法は自分で自分の学習を管理しながら進めていくものです。このアンケートはその資料となるものです。今後の授業では、このアンケートの質問項目を、皆さんが自分自身で問いかけていってほしいと思います。これは、その練習です。

作文学習のためのアンケート

名前（　　　　　　　　　）国（　　　　　　）

あなたがこれまでに母国の学校、または語学学校（母国や外国）で受けてきた作文学習について答えてください。

0. 作文授業を受けた場所はどこですか。全部あげてください。
   例：中国の小学校
1. 文章を書くことは好きですか。
   ＊母語か外国語の違いがあればそれも書き加えてください。
   好き（　　　）　きらい（　　　）　どちらでもない（　　　）
2. 作文学習の好きなところ、きらいなところはどこですか。
   好き（　　　　　　　　　　　　　　　　　　　）
   きらい（　　　　　　　　　　　　　　　　　　）
3. これまで経験したことのある作文授業はどのような方法、内容でしたか。
   ＊複数ある場合は、何語の作文だったのかを（　　）に書いてください。
   例：①たいていは先生がタイトルを決める（フランス語・日本語）
   1）タイトルの決定
   ◆作文のタイトルは誰がどのように決めていましたか。
   ①たいていは先生が決める。
   ②先生がいくつか用意したものを書く。
   ③自分で考える。
   ④仲間と話し合って決めて同じタイトルで書く。
   ⑤仲間と話し合ってから、各自が自由に決める。
   ⑥その他 ________________________

2) 書く場所と時間

◆作文はいつ、どこで書きましたか。

① 授業時間内に教室で書く(書けるところまで)。

② 授業時間内に書き、続きは宿題となる。

③ 授業内で書いたり、宿題として書いたりする。

④ たいていの場合は宿題として書いてくる。

⑤ その他 ______________________________

3) 書いた後

◆作文を書いた後はどうしましたか。

① 先生に提出して間違いを訂正してもらう。それを見て自分で書き直す。

② 先生が何度か直してくれて、そのたびに直して提出する。

③ 一度書いたものは、そのまま成績となる。

④ 各自が書いたものをグループで読み合って、お互いに感想を言い合う。その後、自分で推敲して先生に再度提出する。

⑤ その他 ______________________________

4) 評価

◆提出した作文はどのように評価されましたか。

① 書いた作文は提出したらほとんどの場合は、返されないで成績がつく。

② 評価のついたものが返ってくる(AやBの評価、または得点がつく)。

・作文全体の評価がつく

・細かい項目について評価される(文法A　語彙C　など)

③ 評価は書いてないが、訂正やコメントが書き込んである。

④ その他 ______________________________

5) 推敲

◆作文を推敲するのは好きですか。それはどうしてですか。

好き(　　　　)理由：____

きらい(　　　　)理由：______________________________________

学習者にアンケートを回答させた後には、各自が自分の教育背景を仲間のものと比較しながら振り返る活動をさせます。教師にとってこのアンケートは、このクラスの作文授業をデザインする上で重要な資料となります。また、学習者にとっても自分の学習背景を振り返り、仲間と比較対照することで、自分の過去の学習を客観的に捉えることができます。できればこの調査用紙は教師自身がまず回答してみて、自身の教育観や学習観を再確認してみることをお勧めします。

4.5.1.2　活動の意義と特徴の理解

ピア・レスポンスの活動経験のない学習者は、なぜ教師がすぐに添削をしないのか[3]、なぜ未熟な学習者同士に考えさせるのかを疑問に感じるかもしれません。学習者が納得していないまま彼らの学習観と異なる学習方法を教師が強引に進めようとしても、彼らの不安を募らせるばかりで、十分な学習効果は期待できません。

そこでまず、学習者にピア・レスポンスの活動意義について十分な理解が得られるように、私は次のような活動を実施しています。

【3つの推敲方法の違いを考える活動】

最初は、教師からピア・ラーニングの学習観や意義について、本章の4.2と4.3で述べた活動意義と特徴などを整理して学習者に丁寧に説明します。次に、学習者のこれまでの学習経験を考慮して、これまでの授業との違いを認識させた上で、次の活動を実施します。

①学習者を4、5名のグループにして、それぞれのグループに次のような課題シートを渡す。
②3つの作文推敲活動があることを説明する。
③3つの方法について、学習活動としてそれぞれ「いいと思うところ」「悪いと思うところ」を仲間と話し合ってシートに書き出す。

④グループ単位で全体に報告する。

Q: それぞれの推敲方法の利点だと思うところ、欠点だと思うところを話し合いなさい。

推敲方法	良い点	悪い点
自己推敲		
先生の添削		
ピア・レスポンス		

この課題のもと、学習者はグループの中で、①「これまで自分が受けてきた教師添削は何を目的とした学習だったのか」、②「自分の作文を自分で読み直して推敲する（自己推敲）と何がいいのか」について話し合った後、③仲間からコメントをもらう活動をイメージしてこの活動について自由に意見を出し合います。3つの作文学習方法のどれにも何らかの利も欠点もあることに気づくところまで話し合ったところで、教師からピア・レスポンスの学習観や活動手順について説明します。

4.5.1.3　書き手不在のピア活動

参加型学習の経験のない学習者にとっては、仲間同士で作文を検討する活動をイメージすることはかなり難しいかもしれません。また、教師がいない場で自分たちに何ができるのかという不安も出てくるでしょう。私の場合、こうした不安を考慮して、ピア・レスポンスの活動そのものを行う前段階の活動として、次のようなピア活動[4]を工夫しています。

過去の日本語作文クラスの学習者が実際に書いた作文を、グループで検討する活動をさせます。ここでは、まだピア・レスポンスの手順や内容などについては説明せず、ただ、「よりよい文章にするにはどうしたらいいか」だけを課題として検討させます。以下に私が授業で使用している学生作文の例を示します。この作文例は過去の学習者のものです。この活動をさせてみると、教師よりも学習者同士の方が書き手の意図をよく理解できるものなのだということに気づかされます。

◆次の文章は、日本語学習者が書いたものです。これは、赤頭巾（あかずきん）の童話の途中までを読んで、続きを自分で創作するという課題作文です。もし、あなたがこれを直すとしたら、どう直しますか。
修正した作文は、後でグループの中で仲間と比べてみてください。

ジョンさんの作文

それからオオカミの奥さんは、おばあさんの家に来た。おくさんは「なにあっていたの[5]！」おくさんはすごくこまりました[6]ので、オオカミの口からおばあさんと赤ずきんもpull out。あっとはこの3人[7]で赤ずきんの家でパーティーをしました。

スミスさんの作文

オオカミは帰り道で青ずきんに出会って、かのじょも食べたい、でもおなかがこんできたので、オオカミはなくなります。それから青ずきんはナイフでオオカミのなかを切ると[8]赤ずきんとおばあちゃんが飛び出てくる。

上の学生作文を教師が添削指導をすれば、「pull out」「あっとは」「おなかがこんできました」などのまちがい部分にすぐに手を入れるのではないでしょうか。しかし、学習者同士の話し合いの話題は「おくさんがいたのか」「なぜ奥さんは困るのか」「3人じゃない4人」「どうやってナイフで切るのか」などで盛り上がっていました。

この導入活動のねらいは、教師がいなくても学習者同士で話したい部分について考えを出し合うことができること、仲間同士で話し合えば問題解決のための新しいアイディアが出てくるという実感をもたせることにあります。この活動の後、教師は、今の活動では書き手がその場にいなかったけれど、書き手への配慮をしたかの問いかけをします。たいていの場合、学習者は先程の活動では書き手の存在を意識していなかったことに気づきます。そして、もし書き手が目の前にいたとしたら、書き手にはどんな配慮が必要だったのか、なぜそれは必要なのかを考えさせます。自分の作文が仲間によって検討された経験をもたない学習者には、なかなか想像しにくいことかもしれません。

協働学習をうまく展開させる鍵は、学び合う仲間同士の信頼関係だと思います。教師主導の教育では、教師への信頼があれば学習者の学びの環境は保障されていたのですが、協働学習は仲間との学び合いなので、仲間への信頼がなければ学びの場とはなりません。そこで、私の実践では導入段階において学習者が自ら仲間との信頼関係を築くために、話し合い活動ではどのような点に注意したらいいのかに気づかせるための活動を工夫します。

4.5.1.4　デモンストレーションビデオによる参加態度の指導

活動参加態度についての指導方法は、ESL で実施されているものに興味深い例があります。それは、教室担当の教師の自作ビデオを使用する方法です。このビデオは、教師たち自らが配役となってピア・レスポンス活動を行い、これをデモンストレーションビデオとして授業で視聴させます。この方法は ESL で指導時間が取りにくい場合に、短期導入方法として考え出されたもののようです。私はこのビデオ使用の方法を参考にして、クラスを担当する教師 3 名の協力を得てデモンストレーションビデオを自主作製しました。このビデオの内容は次のようなものです。

◆３人のピア・レスポンス活動

シーン①：グループの中にひとりだけ活動に参加しないで個人の作業（辞書を引いている）をしている学習者がいる。

シーン②：書き手への配慮のない攻撃的な発言を行う学習者がいる。

シーン③：読み手の指摘を受容的な態度で受け止められず、ただ自分の書いたものの自己防衛のための応答をする学習者がいる。

シーン④：グループ内はとても和やかな雰囲気でうまく話し合いが進んでいる。

教師がこのビデオを教室で映し、各シーンが終わるごとに画面を止め、学習者に今見た様子について感想を自由に言ってもらいます（グループで話し合わせる場合もあります）。「右側の人は失礼だと思う」「せっかく仲間がコメントしてくれているのに、あんな言い方で言い返すなんて」など、不適切な参加態度への指摘が始まります。このときは、できるだけ教師からの説明を控えています。このビデオ視聴は、教師の説明の言葉が制限される初級クラスにおいても効果的です。

ESLのように、ピア・レスポンスを長い間採用している現場でも、活動中の学習者のメンタル面への配慮をどうするかを課題とした研究があります。おそらく、話し合いをうまく進めることの難しさは万国共通の課題なのでしょう。

以上がこの活動に慣れていない学習者のために、私が考案した導入活動です。導入セッションで大切なのは、自分の成長のために仲間と協力し合って、お互いに高め合うことだという理解です。また、この学びのためには、仲間への配慮が必要だということです。私自身は、時間の関係やクラス構成などを勘案し、これらの活動を選択的に実施しています。また、活動を簡略化したり、逆に十分な時間をかけて丁寧にしたりして実施しています。

4.5.2　ポイント2：活動目的と手順の明示

ピア・レスポンスの考え方や学習方法について、教師は導入セッションでの説明だけでなく、コースが進む中でも適宜確認する必要があります。つまり、この活動の目的と具体的な活動の手順を明示する必要があるのです。

4.5.2.1　具体的な目的の明示

教師が「この作文をよくするために話し合いを進めなさい」とだけ指示しても、活動に慣れない学習者は、具体的には何を話し合ったらいいのか戸惑うでしょう。書き手と読み手がそれぞれ何のために、どのような目標に向かって話し合いを進めるのかを明確にする必要があります。私の場合、書く分量やテーマ、ジャンルを考慮して、活動参加の立場ごとに活動の目的を明示するようにしています。たとえば、プロセスライティング[9]で意見文を書く授業の場合、タイトルを決めるときや主題文を書くとき、あるいはアウトライン段階にも短時間のピア・レスポンスを組み込みます。ここでは、次のように目的と手順を明示しています。

例1）アウトラインを書いた段階

【本活動の目的】

書き手：①自分の文章がどう読まれるかを知る。
　　　　②話し合いの中で自分の作文の改善の手がかりを掴む。
読み手：①相手の文章を分析的に読むことで書き手の意図を理解する。
　　　　②相手の文章をよりよくするために具体的な改善案を書き手といっしょに考える。

こうした活動目的は、活動前に教師が口頭説明するだけでなく、配布資料にしたり板書したりして、活動中にも学習者が適宜確認することができるようにするといいでしょう。そうすることによって、自分が行っている活動の意味と方向を見失うことなく、また自分の参加の意義を自分で確認しながら活動に集中することができると思います。

4.5.2.2　課題にそったレスポンス

話し合い活動に慣れていない学習者の場合、活動の目的が示されていて自分がどの役割なのかもわかっているはずなのに、いざ活動を開始すると、どう発言すればいいのかわからないと訴える学習者もいます。こうした学習者への配慮としてレスポンスの仕方についても目的と同様に、各課題に合わせてできるだけ具体的に示します。最初のうちは、読み手が相手の作文のいいと思った箇所をそのまま読み上げてもよいという指示を出します。レスポンス活動の進め方としては、1) 読み手側のレスポンスだけで展開するタイプと、2) 書き手と読み手の役割を交替するタイプが考えられます。

手順例 1)　読み手のレスポンス中心の活動展開（同じ課題の作文についての検討）

①面白いところ（印象的なところ・興味関心のあるところ）を言う。
②自分と同じようなところ（表現・内容）を言う。
③自分と異なっているところ（表現・内容）を言う。
④もっと説明がほしいところを言う。
⑤わかりにくいところを言う。
⑥参考になる情報があれば言う。

手順例 2)　読み手・書き手の役割が交替する活動展開（アウトライン段階のもの）。

①仲間とグループ（ペアの場合もある）になって、お互いのアウトラインを読む。

②書き手：最初に検討する作文の書き手は自分のアウトラインを説明する。
③読み手：説明されたアウトラインについて、理解できたところを自分の表現で再生する。
④書き手：読み手の説明に対する訂正や補足をする。
⑤読み手：アウトラインがうまく展開しているところを挙げる。できればその理由も加える。
⑥両　者：アウトライン全体の感想・質問・意見・情報などを出し合う。

ESL のモデルを見ると、読み手がまず相手を受け入れるために、書き手への肯定的なレスポンスをすることになっています。その後に、互いの質問や意見交換へと進み、最後に批判的視点から不備な点や矛盾点の指摘を行い、情報提供へと進むようになっています。この ESL モデルを参考にして私は日本語クラス用に、手順例 1)のように最初は肯定的なコメントを示し、それから互いの類似点についてレスポンスし、次に相違点を指摘させます。これは、まず読み手が書き手の考え方を受け入れる態度を、明確に相手に示すためのです。次に、お互いの似ている点や違う点を発見します。ここに相違点があった場合、それは両者が作文を検討していくための課題の発見でもあります。手順例 2) の特徴は、読み手(聞き手)の口頭によるレスポンス再生課題を設定した点です。第二言語の学習者にとって、今読んだ仲間の作文を理解して、すぐにコメントするのはかなり高度な課題となります。書き手自身の補足も加えながら、読み手が口頭で相手の作文を再生する課題であれば、その負担は少ないはずです。この方法は、非漢字圏の学習者への配慮にもなります。読めない漢字のために活動が中断することなく、書き手からのサポートをもらいながら再生活動が進められるからです。読み手は再生によって、自分の理解の程度を把握し、書き手は読み手の再生内容から自分の文章の不備な点(伝わっていない部分)を発見することができるでしょう。

4.5.3　ポイント3：グループ編成

グループ編成はピア・レスポンスの活動を進める上で重要な部分です。ですから、ここは活動に慣れていない学習者に任せるのではなく、教師の役割としておくのがよさそうです。そうすることで学習者が混乱することなく学習活動ができると思います。

グループ活動を実施する際に、教師は、「近くの人とグループを組んで」「隣の人とペアになって」などと曖昧な指示を出しがちです。しかし、このような曖昧な指示はグループ活動に慣れていない学習者にとっては、戸惑いの原因となりかねません。「近く」とはどのあたりの人を指すのか、「隣」とは右か左か、と本活動に入る前に学習者の不安は助長され、活動への意欲を一気に削いでしまいます。むしろグループ編成については、常に教師が引き受けるものとしておく方が授業を進めやすいです。その際、学習者の背景、活動内容や進度などの諸条件を考慮した適切な編成を工夫していきます。

これまでのピア・レスポンス研究の中には、学習タイプと学習効果の相関関係や学習者の文化背景による参加態度の傾向についても報告があります。また、私自身の失敗からも、逆に成功例からも、ピア・レスポンスではグループ編成が非常に重要なポイントだと考えています。

4.5.3.1　多様性

学校教育の「協同学習」では、効果的なグループ編成のポイントは多様性であるとしています。多様な視点、多様な知識・情報と経験が互いに補完し合うだけでなく、多様性が作用してそこに新たな創造を生み出す可能性があるからだというのです。

では、日本語クラスの場合は違いや多様性とは何を指すのでしょうか。言語レベル、学習歴、文化背景、年齢、日本語の学習目的、知識背景など複数考えられます。一般に言語クラスでもっとも重視されるのは言語レベルです。従来の学習観からすれば、教師は効果的な学習のためにレベルが均質なグループをつくってきたはずです。しかし、ピア・ラーニングでは多様性が重要です。極端に言えば、言語レベルの均質性は無視してもいいくらいです。私の過去の実践の中に、言語レベルや文化背景、学習目的などが異なっている学習者間で、次のような活発な活動展開が見られた事例があります。

事例）文化背景が異なるペアのケース

A さん：中国出身の 31 歳女性。中国歌劇団の団員。家族と一緒に来日した。永住予定。

B さん：スウェーデン出身の 24 歳男性。語学留学で来日。アルバイトをしながら将来の仕事のために日本語を学んでいる学生。

A さん B さんとも日本語学習歴は 9 ヶ月程度でした。ところが、言語習得レベルで 2 人を比較すると、同じ中級クラスではありましたが習熟度には明らかに差がありました。漢字圏の A さんの場合、文字はもちろんのこと、多くの語彙や文法を正確に習得していました。しかし、自由会話や作文は苦手で活動中の発言や作文量は限られていました。一方、B さんは、文法や文字（とくに漢字）など形式面に問題がありましたが、自分の意見をつねにしっかりもち、会話活動や作文でも自分の言いたいことをなんとかして伝えようとする態度が見られる学習者でした。

この授業での作文課題は、ほとんど台詞のない 4 コマ漫画のストーリーを漫画を見ていない人に説明する作文を書くというものでした。2 人は説明文のドラフトを書き、その後、ペアになってピア・レスポンスをしました。最初のコマについての話し合いから始まり、4 コマ目に入ったところで 2 人の話し合いは白熱しました。私がそばに行ってその様子をうかがってみると、ここで議論になっていたのは 4 コマ目の絵の解釈の違いでした。2 人の間には大きな内容の違いがありました。

Aさんの内容：その家の子どもに首輪を取られてしまった犬は、「明日からは誰が私の世話をしてくれるのか」と庭で一人で悲しんでいました。

Bさんの内容：子どもに首輪をはずされた犬は「明日から僕は自由だ、どこへでも行ける」と庭であれこれ行きたい場所を空想して楽しんでいました。

2人の説明文を比べてみると、Aさんは「飼い主を失って嘆いている犬」の心情を描き、Bさんは「首輪をはずされ解放されたことを喜ぶ犬」の心のことばを描くというように、2人は驚くほど解釈が違っていました。2人の話し合いは、当初私が予想した言語形式的なところにはありませんでした。たしかに、私が見たところ、ひと目でわかるほど、2人の文章には形式的なレベル差がありました。漢字を多く使用して文法的に正確なAさんの作文と、ひらがなばかりで活用の間違いが多いBさんの文章でしたが、レスポンス活動の指示にそって読み合った2人は、言語形式ではなく、ストーリーの違いに注目し、なぜそのような解釈なのかをお互いに説明を求め合い、議論を深めていったようです。この事例では、多くの教師が懸念する言語能力の差は、活動を進める上では全く障害にはなっていませんでした[10]。そうではなく、背景の異なる2人の活動は、日本語を最大限に駆使した活発な対話プロセスを作り出していました。

4.5.3.2　母語と媒介語

私の実践においては、学習者同士に母語使用や媒介語の使用を認めたほうが効果的な場合もありました。母語や媒介語の使用を認めるかどうかは、その授業が何を目指すのかによると思います。あるいはその活動が学習のどの段階なのかにもよります。つまり、ピア・レスポンスはつねに学習言語の使用を厳守するものではないということです。

たとえば、学習者同士の話し合いが作文の内容を深く掘りさげていく段階であった場合、もしグループ内で母語や媒介語の使用が可能な環境であるならば、母語や媒介語で意見交換したくなるのは当然のことです。そうしたほうが議論は深まるにちがいないからです。学習課題遂行のための話し合いであれば、教師がこれを制限することの弊害のほうが深刻だと思います。ですから、私のクラスでは、作文の進度やその日の授業目的によっては、あえて母語や媒介語が通じる学習者同士をグループメンバーとすることもあります[11]。あるいは、活動の時間制限を設けて、日本語だけの時間と母語使用を許可する時間配分をすることもあります。

4.5.3.3　グループメンバーの更新

グループ編成はどの程度固定するのが効果的でしょうか。これもまた課題やコースの進度などの諸条件によるかもしれません。課題の質が高いのか、コースの期間はどれくらいか、クラス運営上の条件などによって、毎回変えることも、反対に一定の期間内は固定した方がいい場合もあります。たとえば、新しいクラス編成が決まり、これから数ヶ月か1年間をこのクラスメンバーでコースが進むという状況であれば、できるだけクラスのメンバーの多くと知り合うことができるよう毎回編成を行うのがいいのでしょう。毎回変更することを原則とするけれど、課題に合わせて適宜固定とすることもあるという柔軟性を持たせておけば、さまざまな理由で問題のある学習者への配慮もしやすく、また、長時間をかけた作文課題のための固定編成もできるのではないでしょうか。

4.5.4　ポイント4：教師の役割

ピア・レスポンスを実施する際、教師自身が悩むところは教師としての自分の役割をどうするかだと思います。教師主導の授業の場合は、教師の役割をあえて学習者に説明する必要はありませんでした。ところが、自分自身がピア・レスポンスの学習経験のない教師の場合は、活動中に教師である自分は何をすればいいのか、どの程度学生を支援したらいいのかに困ってしまいます。そのため、ピア・ラーニングの教師の役割を目の前の学習者に理解、納得してもらうための説明に苦慮するかもしれません。

以下では、授業デザイン、人的リソース、活動支援の点からピア・ラーニング教師の役割について述べます。

4.5.4.1　授業デザイン

従来の知識伝達型教育の授業デザインとピア・ラーニングのデザインは大きく性格が違います。教師主導の授業においては、教師はまず学習者に何をどう伝えるかを用意しておきます。そのときに考えることは、教師が伝えたいことをいかに効果的に学習者に理解、習得させるか、そのためにはどんな方法をとるかでしょう。一方、ピア・ラーニングでは、教師は学習者にいかに主体的な学びを起こすかという学びのデザインをします。学習活動中の教師は、自分がデザインした授業に対し、実際の学習者はどのような学びをしているのか観察を行い、この観察記録を分析し、次の授業デザインに活かすという授業デザインのサイクルを作ることになります。グループ編成や活動の課題、リソースの質や提示方法などは、常に学習者の学びに合わせて調整が必要となります。この調整作業は授業デザインの段階でも、授業実施中にも常に必要です。こうした現実の学習者の学びにそった授業デザインを工夫し、授業実施中は適切な支援をするのがピア・ラーニングの教師の役割だと思います(池田 2009)。

4.5.4.2　活動への支援

ピア・レスポンスの教師は学習活動を促進するためにどのような支援をしたらいいのでしょうか。支援の観点は大きくは2点です。ひとつは内容的支援、もうひとつは活動参加の支援です。

ピア・レスポンスの教師は内容的支援として、自分自身が現実の人的リソースとなる役割があります。たとえば、私の担当したクラスの中では、次のような例があります。日本の習慣についての話題で議論が盛り上がっているとき、ひとりの学習者が「日本人はみんなお返しの習慣をもっている」と発言し、もうひとりが「みんなじゃないと思う。私の友人(日本人)は違う」というやり取りがありました。このときちょうどそばに立っていた私に「先生はどうですか？」と質問してきました。私は、この問いかけに対し、私個人の見解を具体的な事実を挙げながら話しました。私の発言内容は、彼らが今まさに収集している個別情報と同様に、いくつかの情報の中のひとつとして扱われました。「じゃあ、先生も私の友達と同じですね。」このように、リソースとしての教師には、必ずしも「日本では一般に……」などと一般論の提供が求められるわけではありません。教師は学習者の質問に対し、調べればすぐわかるような一般論や辞書的知識を即答するよりも、学習者自身が課題解決をしていくための資料や資料を探すためのヒントを提供するべきです。

一方、活動の支援とは、話し合い活動の管理運営にかかわる支援です。先に述べたグループ編成を教師が担当するというのも、この活動支援のひとつです。とくに、私が重要だと思う支援に「活動開始の支援」があります。活動に慣れていないアジアの学習者の場合には、グループの中で話し合いの口火を切る役割がなかなか決まらないことがよくあります。ここに教師の支援が必要となるのです。具体的には次のような方法が考えられます。ひとつは、その日の授業の導入にピア活動の予備活動を設定する方法です。筆者の場合、この予備活動には時間や内容の負担をかけないように工夫して、ミニピア活動を設定しています。このときの課題は、たとえば解答がひとつだけのものでもいいでしょう。単なる報告や確認だけでもいいと思います。これは、メンバー間の対話を進めるためのアイスブレイキングともなります。

もうひとつは、ピア・レスポンスの活動の開始を直接支援する方法があります。話し合う目的を提示し、活動の留意点を確認したところで、「では、今からお互いのものを検討します。今日は誕生日の早い人からどうぞ」「きょうは白っぽい服の人から始めましょう」などと、グループ内で発言の口火を切る人を指名する方法です。こうすればメイン活動の前に学習者に時間的、精神的負担をかけることはないでしょう。

最後に、私はピア・レスポンスを採用する授業でも必ず最終テキストに対しては教師添削を行います。教師添削がまったくない指導に対して不安を覚える学習者がいるのは当然のことだからです。ピア・レスポンスを開始する前に、最後には教師添削を行うことを学習者に伝え、だからこそ、話し合いでは形式面のことにはあまり触れなくてもよいことを強調します。実は、ピア・レスポンスを経た後の作文は、初稿と比較すると驚くほど読みやすくなっていますので、教師にとって最終段階の添削はそれほど苦痛には感じないものなのです[12]。

4.5.5　ポイント5：評価

ピア・ラーニングの評価をどう行うかは、協働学習実施を決める大きな課題なのかもしれません。協働学習は、従来の学習の考え方のような学校の評価システムや社会的に周知されている一般的な評価とは違います。教師が教室でピア・ラーニングを実施したのならば、その評価についても従来とは異なる評価方法をとる必要があると思います。

しかしながら、その実施がピア・ラーニングの移行期であると位置づけるならば、基本的には従来の評価を残した上で、そこに協働学習の学習観に適した評価部分を組み入れてはどうかと思います。私の場合は次の3つの観点からの評価を実施しています。第1は学習者自身の自己評価です。第2はピア（仲間の学習者）からの評価です。そして3つめは作文プロダクトに対する教師評価です。この第3が従来の評価方法なのでしょう。私の場合、この3つを均等な割合の評価にはしていません。私は、3つの評価については学習主体である学習者自身が任意に配分してもいいと考えていますので、自己評価や仲間評価を取り入れた最終評価としています。しかし、移行期の実践だと考えるならば、各教育環境の条件や事情を考慮して、教師自身がこの3つの評価の配分を決めていくことになるのかもしれません。

4.5.5.1 内省活動(自己評価とピア評価)

私は学習者の内省こそがピア・ラーニングの主たる自己評価だと考えています。ピア・ラーニングでは、自分は何を学びたいのか、そのためにはどのように参加すればいいのか、この活動から何をどう学んだのか、次の段階の課題は何かなど、学習者が自分の学びを常に把握し管理し展開しなければなりません。このような学びにおいて、自分の学びを批判的に省察していく内省活動は極めて重要な、いわば学習の根幹をなす部分だと言えます。私の実践では、こうした内省活動を毎回の授業デザインの中に明確に組み込んでいます。たとえば、「この授業を振り返りなさい」と指示を入れた内省シートを用意したり、「その根拠は説得力のあるものですか」など作文課題に即した具体的な問いを立てたりもします。

◆内省シート例

1. 今日の学習への参加度　参加不足　　参加不足←1・2・3・4・5→よく参加
　　1か2の場合の理由(　　　　　　　　　　　　)
2. 仲間のレスポンスをどう検討しましたか。
3. 今日の授業であなたは何を学びましたか。
4. 今後自分にとって何が課題となりますか。

特定の学習者が授業内で仲間からもらったコメント内容を評価資料として使う場合もあります。仲間からの評価は、作文についての評価に限定されるものではなく、活動中の態度や発言、情報提供の有効性についても評価されています。たとえば、「○○さんの質問は、私の説明の矛盾点に気づかせてくれました」、「話し合いの活動にもう少し参加した方がいいですよ」といった不足点を仲間にアドバイスするコメントもあります。こうしたコメントに含まれる評価部分を仲間評価とします。なお、内省についての研究では、内省活動をセルフ内省とグループで行う「ピア内省」の組合せで行うことの有効性も報告されています（金 2006）。内省というメタ的観点を苦手とする学習者にとって、ピア内省で他者の内省観点を知ることは、自己内省を促進させる有効な手がかりとなります。こうした学習者の内省は、教師の授業デザインへの評価としても機能します。教師は、学習者の内省から個人の学びのスタイルや参加の態度・理解度を把握することができます。そして、この分析が次の授業デザインの資料ともなります。

4.5.5.2　教師評価

ピア・ラーニングは学習者主体の学習なのだから、教師評価は意味がないという考え方もあります。しかし、私は学校の教室授業である以上、教師評価は必要だと思います。とくに、アジアの教育環境にあるならば、ここはもっとも検討しなければならないことのひとつだと思います。

私の実践では教師評価の観点を３つ立てています。第１は学習参加度の評価です。参加型授業に学習者が主体的にかかわろうとしていたかどうかを教師が客観的に評価するものです。第２は、作文プロダクトに対する評価です。これは従来の作文評価の質的評価と同様のものです。従来の学習ではこれだけが主たる評価対象でしたが、ピア・レスポンスにおいては、それほど比重は高くしません。私の場合、作文プロダクトの評価項目は文章ジャンルに合わせたものとしています。たとえば、意見文の場合、次のような項目を立てて評価しています。

①説得力　②構成力　③内容（知識）　④語彙　⑤表記　⑥形式

第３の教師評価は、最終原稿までに学習者が書いた構成案やアウトライン、推敲原稿などを評価対象とするものです。つまり、個人の発達のプロセスを評価します。学習者がどこを修正していくのか、どのように書き直せるようになったのかを見ることで、個人の学習の経緯や推敲力の向上の状態を知ることができます。以上を教師評価としました。

しかし、最終的には学習者自身が自分の学びの全体を管理する必要がありますから、こうしたいくつかの種類の評価を学習者自らが自分の学びの評価として選択し、自分で意味付けし、価値付けていくのがピア・ラーニングの学習評価であり、ピア・レスポンスの評価だと思います。

最後に、もし、ピア・レスポンスを採用しようとする教師がその学習経験がない場合には、ぜひ教師研修や自己研修の場を自ら作ってご自身でピア・レスポンス体験をしてみてほしいと思います[13]。こうした参加型学習の理解には、誰かの説明を聞いただけでは不十分な理解にとどまってしまいます。理解と行動には距離があるからです。実際に少人数の教師仲間と深く話し合う機会をもち、できればオリジナルの文章を互いに書いてピア・レスポンスをするという体験を何度か経験し、教師自身が強い確信をもってピア・レスポンスを実施してほしいと思います。

注

1 書いてコメントするタイプの活動もある。また、話し合いタイプと書くタイプの両方を組み合わせて実施する場合もある。

2 もし、表現や語彙、文法の制限があれば保障されているとは言えない。

3 私の場合、最初は自分で読み直して修正させ(自己推敲)、次にピア・レスポンスで推敲し、十分に自分たちで推敲させた後の原稿に対し教師フィードバックを与えることにしている。

4 ピア活動とは学習者同士の小グループで行う協働的な学習活動のこと。

5 実際には、「なにやっていたの」と書きたかったところ。

6 「おこりました」の語彙選択の間違い。

7 「3人」とは、赤頭巾・おばあさん・オオカミの奥さん。

8 「なかを」は「おなかの中から」の意味。つまり、青頭巾はオオカミのおなかの中に入っていて、そこからナイフで切って赤頭巾たちを出したという意味。

9 作文を完成していくまでのプロセスを計画段階、構想段階など段階に区切り、各段階にそった課題によって思考活動を活性化させながら書き進める方法。

10 原田(2006)は、日本語ピア・レスポンスのグループに言語レベルの違いがあることはむしろ肯定的な要因となっていたとしている。

11　母語を使用した日本語ピア・レスポンスの研究には広瀬(2000、2015)がある。

12　日本語ピア・レスポンスを経た上級学習者の作文は、構成面の推敲に効果的だったことが報告されている(影山 2001)。

13　教師研修のためのピア・レスポンスの研究(丸山 2005)には、研修の具体的な方法が詳しく紹介されている。また、教育実習での協働的話し合いについては平野(2006)の研究がある。

参考文献

池田玲子(2000)「推敲活動の違いによる推敲作業の実際」『お茶の水女子大学　人文科学紀要』第53巻　pp.203–213.

池田玲子(2004)「日本語学習における学習者同士の相互助言(ピア・レスポンス)」『日本語学』Vol.23　pp.36–50.　明治書院.

池田玲子(2009)「教室の管理者から学習の支援者へ―ピア・ラーニングの教師の学び」水谷修監修　河野俊之・金田智子編集『日本語教育の過去・現在・未来　第2巻教師』凡人社　pp.133–158.

池田玲子(2021)「協働実践研究のための海外拠点構築のプロセス―拠点づくりに作用する要因」協働実践研究会・池田玲子編(2021)『アジアに広がる日本語教育ピア・ラーニング―協働実践研究のための持続的発展的拠点の構築』ひつじ書房.

石黒圭・烏日哲編著(2020)『どうすれば論文・レポートが書けるようになるか―学習者から学ぶピア・レスポンス授業の科学』ココ出版.

大島弥生・池田玲子・大場理恵子・加納なおみ・高橋淑郎・岩田夏穂(2005)『ピアで学ぶ大学生の日本語表現―プロセス重視のレポート作成』ひつじ書房.

影山陽子(2001)「上級学習者による推敲活動の実態―ピア・レスポンスと教師フィードバック」『お茶の水女子大学人文科学紀要』54巻　pp.107–119.

金孝卿(2006)「研究発表の演習授業における質疑・応答活動の可能性―発話の内容面に対する内省の促進という観点から」『世界の日本語教育』第16号　pp.98–105.国際交流基金.

田中信之（2005）「中国人学習者を対象としたピア・レスポンス―ビリーフ調査をもとに」『日本語教育』第 126 号　pp.144–153.　日本語教育学会.

原田三千代（2006）「中級学習者の作文推敲課程に与えるピア・レスポンスの影響―教師添削との比較」『日本語教育』第 131 号　pp.3–12.　日本語教育学会.

原田三千代（2008）「多言語多文化を背景とした教室活動としてのピア・レスポンスの可能性 ―「協働性」に着目した活動プロセスの分析」『多言語多文化：実践と研究』Vil.1 pp.27-53.　東京外国語大学多言語・多文化教育研究センター.

平野美恵子（2006）「多文化共生指向の日本語教育実習による反対意見表明の変化―ティーチャー・コミュニティー構築の過程から」『Web 版リテラシーズ』第 3 巻 1 号 pp.21–31. くろしお出版.

広瀬和佳子（2000）「母語によるピア・レスポンス（peer response）が推敲作文に及ぼす効果―韓国人中級学習者を対象とした 3 ヶ月間の授業活動をとおして」『言語文化と日本語教育』第 19 号　pp.24–37.　お茶の水女子大学日本言語文化学研究会.

広瀬和佳子（2015）『相互行為としての読み書きを支える授業デザイン―日本語学習者の推敲課程にみる省察的茶いわの意義』ココ出版.

細川英雄・NPO 法人「言語文化教育研究所」スタッフ（2004）『考えるための日本語』明石書店.

丸山伊津紀（2005）「現職日本語教師対象ピア・レスポンス体験研修の検証」2004 年度　桜美林大学大学院国際学研究科修士論文.

吉田美登里（2008）「「アイディアシート」を使った作文校正支援の効果」『日本語教育』138 号　pp.102–111.　日本語教育学会.

吉本恵子・松井玲子・桑原里奈・小川美由紀・梨本順子（2005）「日本人の支援をうけた教室環境の改善―作文サポーターとは何か」『日本語教育学会春季大会予稿習』pp.95–99. 日本語教育学会.

Elbow, P. (1998) *Writing without Teacher*. New York: Oxford University Press.

Ferris, D. and Hedgcock, J. S. (1998) *Teaching ESL Composition Purpose, Process, and Practice*. Mahwah, New Jersey: Lawrece Erlbaum Associates, publishers.

Reid, J. (1993) *Collaborative and Cross-Cultural Activities, Teaching ESL Writing*. Englewood Cliffs, NJ: Regents/ Prentice Hall.

第５章　ピア・リーディング

5.1　読解授業の問題点

「読解授業ってほーんとお葬式みたいなんです。クラス全体が暗くなっちゃって……」教師たちの集まりでこんな声を聞きました。たしかに下を向いてテキストを読んでいる時間があったり、黙って考えこんでいる時間があったりすれば、会話の授業などと比べると、暗い活気のない雰囲気になりがちだと思います。そこで参加者たちに読解授業の問題点や悩みをカードに書き出してもらいました。出てきたのは以下のようなことです。

・文法説明はどれくらいすればよいか
・全文説明する必要があるのか
・よい設問とはどういうものか
・語彙はどう扱うか
・表面的な理解で終わってしまうが、どうしたらよいか
・どうまとめればいいのか
・読解のゴールは何か
・学習者はどこがわかっていて、どこがわからないのか
・読むことは個人作業なのでクラス全体の授業では何をすればいいのか
・読むスピードなどの個人差をどう扱えばよいか
・学習者がつまらないと思っているようだがどうしたらおもしろくなるか
・学習者のモチベーションをどう高めるか
・学習者が受身になってしまうがどうしたらよいか
・暗いムードはどうしたら変えられるか

・興味深いテーマをどう選ぶか
・音読する必要があるか
・テキストが長いとうんざりするようだがどうしたらよいか

現職の教師であれば誰でも思いあたるものばかりです。では、「オーソドックスな」読解授業とはどういうものなのか、集まった先生方に尋ねてみるとある一定の型が見えてきました。

まず、教師が選んだテキスト(場合によっては単語表、文型シート、タスクシートなどをつけて)を事前に配付し、予習を課します。授業では、学生からの疑問点や教師の設問に答える形で授業が進みます。授業の最後にテキストの内容について意見や感想を話し合います。しかし、時間的制約から最後の話し合いは駆け足になることが多く、語句や内容の「質問」のやりとりに多くの時間が割かれます。

ここで挙げた「質問」のやりとりをもう少し詳しく見てみましょう。たとえば、予習をしてきた学習者がある質問をします。教師はほかの学習者たちを促し、ある者はそれに答えますが、ある者はそのやり取りに参加していません。学習者からの質問が出ない場合には、教師は用意した問いを投げかけます。いずれにせよ教師が主導権を握り、Mehan(1979)のいうIRE(教師による発問initiation-学習者からの反応response-反応への教師の評価evaluation)のパターンによって授業は進められていきます。クラスの中では積極的に参加する者とやや受身的に指名されたときのみ答える者とに二分化しています。教師からは学習者の頭の中は見えないわけですから、教師は自分が用意してきた設問や学習者の反応から気になったところを中心に授業を進めていきます。このようにして進めながら、優れた(というよりベテランの?)教師は学習者からのサインを見逃さずに、うまく全体をリードして時間内に教師がイメージしていたある達成レベルにもっていくことができるでしょう。

ちょっとステレオタイプ的すぎるかもしれませんが、ある程度「オーソドックス」と思われる授業を描いてみました。このような進め方と先に教師たちが挙げた問題点とを照合して問題の本質を探ってみましょう。問題点として挙げられたものをまとめてみると、1点目は、「学習者がどこがわかっていてどこがわからないのか」「どの程度説明すればよいのか」「個人作業なのでクラス全体では何をしたらよいのか」など、教師が学習者の理解度を把握できていないといった状況にかかわるもののようです。これには、どうも読む活動がもっている「外からは見えない」という特徴が関係しているように思われます。書く、話すなどの産出活動の場合が外から見える（聞こえる）のに対して、読むことは聞くことと同様、何らかの形で理解したことや考えていることを引き出さないかぎり、はたの者にはわかりません。教師は学習者がどう考えているかわかりませんし、学習者同士も互いにわかりません。つまり、第1の問題点は理解過程が外からはわからないことであり、このことへの解決方法は、外に出して見える（聞こえる）ようにすることだといえるでしょう。そこで、頭の中の思考を「外化」し「可視化」する装置として考えられたのがピア・リーディングです。外に出す、見える（聞こえる）ようにする、ということをピア・リーディングでは対話によって行おうとしているのです。

問題点の2点目は、「読解のゴールは何か」「どうまとめればいいか」に関連するものとして、「オーソドックスな」授業では読んだ「結果」を扱っているということが指摘できると思います。予習した結果、あるいは授業中その場で読んだ結果など、読みのプロセスではなく、読んで理解した結果を扱っています。これでは答え合わせのようになってしまい、正解だとわかったとたん思考は停止してしまってさらに考えることはなくなります。この答え合わせを教師が中心になって進行し、まとめようとすると、正解を求めての先述のIREのようになってしまいがちです。しかし、実際には読んでいる過程で様々な予測や仮説検証を行っているわけですから、その部分を飛ばして結果のみ扱ったのでは、読めない本当の理由がわからないことになります。そこで、結果のみを扱うことからでてきた問題の解決方法は、結果ではなく「過程」を扱うことに転換することです。読んでいる過程での疑問や問題点を授業という場で解決できる仕組みを考えます。

問題点の3点目は、「おもしろくない」「受け身」「暗いムード」など学習者たちに活気がないという点です。これは他者の考えが見えないことや答え合わせのようになってしまうことなど、第1、第2の問題点とも重なります。自分とは異なる他者の多様な読みが見えない、わからないために、視点や思考の広がりを感じることができず、読むことの楽しさを味わうことができないのではないでしょうか。そこで、他者がどのように読んだのか、なぜそのように読むのか、自分とは異なった読みを知ることによって、読みはひとりで読んだ時よりもさらに豊かに、そして楽しくなっていくでしょう。

読解授業の問題点に対する解決策として、第1に外化し可視化すること、第2に過程を扱うこと、第3に読みを共有することを提案したいと思います。

5.2 ピア・リーディングのはじまり—なぜピア・リーディングなのか

筆者がピア・リーディングという方法を考えついた背景には、大きく3つのことがあります。1つ目は、筆者自身の問題意識から、2つ目は読解研究の成果から、3つ目は学習観に関するものです。ピア・リーディングのコンセプトを理解していただくために、どのような背景から生まれてきたかを書こうと思います。第1は前節で述べた筆者自身の読解授業の現場での問題意識が出発点になっています。

第2は、読解過程の研究によるものです。筆者は本書の初版の数年前より、第二言語としての日本語の読解に関心をもちさまざまな調査を行ってきましたが、その過程での試行錯誤が背景となっています。読解研究のはじめは、テキストの文章構造に関するものでした。単語の意味も文法もわかるのに、文章全体で書き手の言わんとするところが腑に落ちないという上級学習者の声から、テキストの文章構造と読み手の頭の中にあるフォーマル・スキーマ[1]とにギャップがあると理解が難しいのではないかと考え、読み手が書いた要約文を分析しました（舘岡 1996a）。たとえば、起承転結型の文章について要約文を書いてもらうと、英語母語話者の要約文には頭括型（結論が先に出てくる型）が多くみられました（舘岡 1996b）。読み手は自分の頭の中のフォーマル・スキーマに合わせて文章を再構成していることが示唆されました。要約文というのは、読んで理解した結果の表象と言えますが、要約文をたくさん見ているうちに、今度はその理解の過程で何が起こっているのだろうという疑問が出てきました。そこで、それを調べるために多くの学習者の読解過程のプロトコル分析（読みの過程を声に出して話してもらい、そのデータを分析する方法）を行うことになりました（舘岡 1999、舘岡 2001）。そのプロトコル分析を行っているときに、学習者自身から、自分の読解に対してメタ認知を働かせるのにこの方法は大変有効な方法であること、自分はテープレコーダーに向かって話したけれど、実は先生に話すつもりで喋っていたのだ、ということを聞きました。プロトコル分析は調査のために行ったことですが、もし相手がいて、テキストについて自然に話すという状況があれば、対話をとおして自分の理解を確認したり整理したりできるのではないか、その過程には多くの気づきや学びがあるのではないかと考え始めました。

そこで、ペアで読む過程のプロトコル分析をしてみると、たしかに助け合いながら問題解決をしています（舘岡 2000）。すでに第3章3.2.4「仲間との相互作用による学び」でご紹介したように、仲間の学習者はリソースとして機能するばかりでなく、自らの読みに揺さぶりをかける存在となっています。読み手がわかったつもりになっている場合、自分自身でその状態に揺さぶりをかけ、読みを再検討するのは困難でしょう。西林（2005）は、「わかったつもり」の状態は一種の安定状態であるからこそ、この状態を壊して読みを深めるのは難しいと述べています。「わかった」という状態は、「わからない」ことがないから、「わかった」状態なのです。したがって、よりよく読むために「わからない」ことを手がかりにして前進するわけにはいかないわけです。それで「わかったつもり」の状態はそこから先の探索活動を妨害するというわけです。筆者は、この「わかったつもり」の状態を壊すためには、ピア・リーディングにおける他者は大きな役割を果たすと考えます。3.2.4のサリーの例に見るように、テリーからの質問に答えるという状況が作り出されて、サリーは自分の読み誤りに気づき、さらに読みが深化したように、ピア・リーディングでは、自分とは異なった他者の読みが存在し、自らの「わかったつもり」に揺さぶりをかけるという状況を作り出すのです。また、動機づけや達成感が高まるなど情意面でのメリットも見られ、他者と協働して読むことが理解深化や学習の促進に貢献することがわかりました。そこで、ひとりひとりの読みの過程を研究する中で、読みの「過程を共有する」ということに取り組むようになりました。これがピア・リーディングのはじまりです。

第3の問題意識は学習観に関するものです。読解授業で教師である自分は何を目指すのか、これが私自身への問いでした。今もその問いは続いているわけですが、読んでテキストの内容を理解すること、それに対していろいろなことを感じたり自分の考えがもてること、書き手の意図を汲み自分の考えと重ね合わせ書き手と相互交渉ができること、そこから自分自身の考え方を見直したり新しい何かに気づいたりできること、さらにはその意見を他者に発信し他者との交流の中で自分に気づいたり自分自身を拡張できること、そういう読解の授業を目指すとしたら、先に挙げた「オーソドックスな」方法ではなかなか難しそうです。教師がテキストを一生懸命予習して、学習者の疑問を予測し、設問により網を張って、学習者を導こうとしても、どれくらい積極的に彼らはテキストに取り組むでしょうか、どれくらい読み手としての自分自身とかかわらせることができるでしょうか。

ちょっとここで第3章の3.2.5に挙げた三角形の図（図3）を思い出してください。学習者を中心とした図の上部に学ぶべき対象があります。読解の授業でいえばこの対象は「テキストの読解」と考えてよいでしょう。読解の授業でこの対象と学習者を結ぶ双方向の矢印を太くするのはもちろんですが、その下の他者や自己と結びつけて全体のサイクルを活性化することによって、それぞれの矢印も相乗的に太くなっていくのです。他者と対話をすることによってテキストへの学びが深まり、自己へのフィードバックも生まれるのです。読んで自己の内省を深めることは、左側の三角形(対象―学習者―自己)によってももちろん可能です。しかし、さらに他者を介在させることによって、その内省はより深くより多様なものとなるのではないでしょうか。ピア・リーディングはそのような学びの環境として、認知的側面からも社会的側面からも可能性をもっていると筆者は考えています。読みという行為は本来、ひとりで行うものですが、それを教室という社会において協働的に読む行為へと位置づけ直したものがピア・リーディングです。ここにはすでに第3章にも述べたとおり、学習観と教育観のパラダイムシフトがあると言えます。

以上に述べた3つの背景から、対話によって仲間と読みの過程を共有するというピア・リーディングが生まれました。

5.3　ピア・リーディングの2種類―何を共有するか

ピア・リーディングは仲間と読みの過程を共有する活動だと述べましたが、では、何をどのように共有するのでしょうか。

広義のピア・リーディングは、大きく2つに分けることができます。(a)ジグソー・リーディング：グループのメンバーがそれぞれ異なったテキストを読んで、自分が得た情報を持ち寄るものと、(b)プロセス・リーディング：メンバーが同一テキストを読んで、そこから各自の読みの違いを検討するものです。次ページの図1にピア・リーディングの2種を示しました。

2種類のピア・リーディングで決定的に異なるのは、ジグソー・リーディングはグループ内のメンバー各自が異なったテキストを読み、プロセス・リーディングは同一テキストを読むということです。ここで言うテキストとは、教科書のことではなく、読むべき文章を指します。たとえば、ひとつの新聞記事を何分割かして各自が異なった部分を読む場合も「異なったテキスト」とみなされ、ジグソー・リーディングとなります。

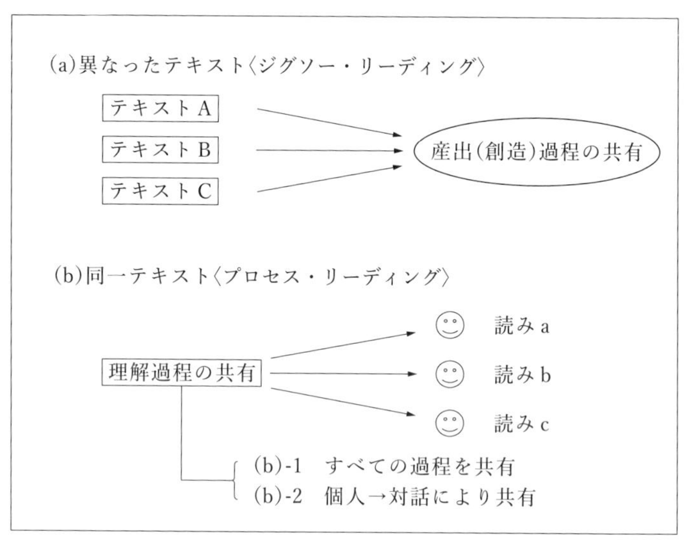

図1　ピア・リーディングの2種類

前者の(a)は、テキストを持ち寄って情報をジグソーパズルのようにつなぎ合わせるので「ジグソー・リーディング」と言われていて、すでにさまざまな場面で実践されています(Aronson and Patnoe (1996)、三宅(2004)など)。ジグソー・リーディングでは参加者それぞれが異なったテキストを読み、持ち寄った情報を統合し当該テーマについてより理解を深めていきます。このプロセスでは異なったテキストからの多様な情報が共有され統合されていきます。これは、ピア・リーディングのコンセプトである「読みの過程」の共有ではないので、狭義にはピア・リーディングと言いにくいのですが、それぞれが読んだ情報を持ち寄り、それを産出し統合する過程を共有するので「仲間と共有する読解活動」という意味で筆者はピア・リーディングに入れています。

ピア・リーディングのコンセプトが生かされているのは、むしろ(b)の同一テキストの読みのプロセスを共有するタイプです。これを「プロセス・リーディング」と名づけました。舘岡(2000)では、2人の学習者が同一テキストをいっしょに一文ずつ確認しながら読んだときの観察と分析を報告しましたが、これは(b)-1のタイプで読みのすべての過程を共有しています。読みがややボトムアップ的になりますが、互いの語彙知識や読みのストラテジーを学ぶなど、読解という問題解決の過程での協働が見られました。筆者が仲間と「読みの過程を共有する」読解活動として最初に提案したのは、この(b)-1のタイプです。それに対して(b)-2のタイプは同一テキストを各自読みますが、読後に対話をすることによって理解内容を共有し各自の理解の吟味や深化を目指しています。これは、対話を重視した「国語」の授業に近いかもしれません。

すでに述べたように、ピア・リーディングのコンセプトをそのまま具現化したのは(b)-1のタイプです。第二言語（外国語）の読解においては、テキストの理解自体が問題解決課題としての要素が大きく、テキストベース[2]生成のための学習活動を行わなければなりません。そのためには、(b)-1のように仲間とすべての過程を共有し、わからない単語の意味を確認し合うなどリソースを提供し合い、自分の理解と仲間の理解を照らし合わせて理解を深めるような活動が必要になります。ここでは言語レベルの確認をしながらテキストベース生成のための協力をしますが、内容を理解するとともに解釈や鑑賞のための話し合いも行われます。一方、(b)-2のタイプでは読解過程での問題解決は(b)-1ほどには行われず、解釈や鑑賞のウエイトが高くなります。互いのテキスト理解にズレがあると思われるとき、それがどこから来るのか、テキストに戻りつつズレの理由をさぐっていくことにより、理解を深めていくことになるでしょう。

教室活動で(b)-1のように読みのすべての過程を共有するのは時間の制約上、難しいため、このような活動を授業の初回でとりあげ、それ以降は(b)-1と(b)-2の中間の形で進めていくのが現実的ではないかと思います。中間の形というのは、テキスト全部の過程を共有せずに、全体は(b)-2のようにあるまとまったところまでで理解を確認し意見を交換しますが、必要な箇所のみ(b)-1のタイプで進めるというものです。数回連続のプロセス・リーディングの授業の初めに1、2回、(b)-1のタイプでしっかり過程を共有する体験をしておくことによって、その後は中間の形で進めていくことができるでしょう。この中間の形の実践は舘岡(2003、2005)に詳しい報告があります。

以下にピア・リーディングの実践例を紹介しながら具体的に検討していきましょう。

5.4　実践例の紹介と考察

5.4.1　ジグソー・リーディング―異なったテキストの情報の統合から学ぶ

まず、参加者がそれぞれ異なったテキストを読み、情報を持ち寄るジグソー・リーディングの例を見ていきましょう。

初級における例

ここで紹介する例は、プレスタイム行動科学実践研究会(1996)の中の「匠の里」という課題を同社から許諾を得て日本語学習者用に筆者がアレンジしたものです。

〈テキスト〉

西海大学という大学のキャンパスに関して、全部で23枚の情報カードにさまざまな情報が書かれています。

★情報カード

医学部の建物の南には図書館があります。	図書館の南の方角には工学部があります。	西海大学の各学部の建物の前には、それぞれ異なった木が植えられています。

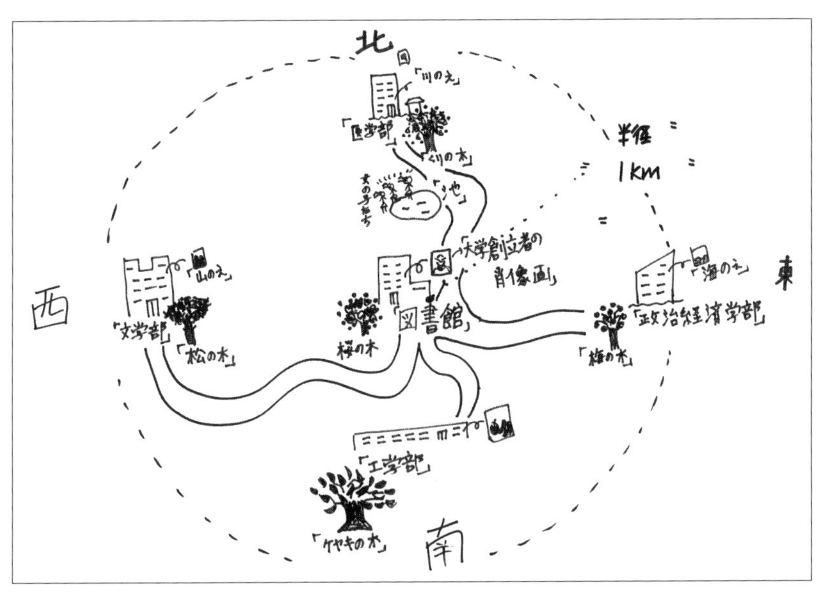

学生たちが作ったキャンパスマップ（例 1）

学生たちが作ったキャンパスマップ（例 2）

〈進め方〉各グループにこのカードが1セット(23枚)渡されます。グループのメンバーはトランプのカードを切るようにして、各自が数枚ずつカードを受け取ります。たとえば、4人で1グループであれば1人が受け取るカードは5枚か6枚です。メンバーは自分のカードの内容を読んで、グループの仲間に伝えます。このとき、口頭で情報を伝えますが、カードを他のメンバーに見せてはいけません。互いに提供された情報を統合してキャンパスの地図を書いていきます。はじめバラバラだった情報が相互に関連づけられ、だんだん地図が完成します。その後、教師から設問が出されますが(たとえば、○○の東側には何がありますか、など)、適切な地図ができていれば解答は易しいものです。最後に、グループごとに設問の解答を発表し、活動を分かち合い振り返る時間を設けます。グループによって完成までに要する時間が異なりますので、グループ間の競争のようになりがちですが、むしろ自分たちのグループの協働的な活動や自分自身の活動を振り返ることを重視するようにします。

〈考察〉

ここで、実際に筆者が実践した結果を考察します。

アンケートによると、学習者たちからは以下のような反応がありました。

・グループの中に1人でも黙っている人がいると地図が完成しないことがわかった。
・どの人も参加しないとうまくいかない。
・とにかく情報を出さないとだめだ。
・自分のカードについて伝えるという責任を感じた。
・みんなで情報をつなぎ合わせる過程が楽しかった。
・リーダーが必要なことがわかった。

仮屋園は同様の活動を日本人大学生に行い、その結果を報告しています(仮屋園ほか 2001)。それによると、大学生の学年が上がるにつれ協力体制が早く整い、みんなで地図を完成させるまでの時間が短くなったそうです。リーダーシップを適切に発揮する学生がいると、情報がうまく整理されますが、逆にリーダーの進め方によっては情報の統合の仕方が不適切になることもわかりました。また、認知面だけでなく、情意面でもさまざまなことばかけ(意見を言わない人に対して促すなど)が見られました。

筆者が日本語の読解授業で行った中でも同じ傾向が見られました。うまく協力できたグループは、各自が提供する情報間の関連づけが頻繁かつ適切に行われていて、地図も早く完成しました。情報カードに書かれていた日本語が易しかったこともありますが、メンバーたちの日本語能力の高低よりもチームワークの善し悪しによって結果が異なることになりました。ジグソー・リーディングでは、互いがもっている異なった情報をどのように関連づけることができるかが重要な鍵となります。

ジグソー・リーディングは、ここに紹介したような短い文章を統合してマッピングをするものだけでなく、さまざまな工夫ができます。たとえば、小説などまとまった内容のテキストをグループの人数分に分割し、各自がその1分割を読んでみんなで情報を統合し、ストーリーを完成させます。後に5.4.3で「ジグソー・リーディング」と「プロセス・リーディング」の組み合わせとしてご紹介する「誘拐」という小説をテキストとした実践もその例です。また、「環境問題」などある特定のトピックについて、参加者各自が異なった新聞記事や雑誌記事を読み、それを持ち寄り統合してそのトピックについてのマッピングをし、理解を深めることもできます。さらに参加者各自のトピックを少しずつずらして異なったものを読み、情報を統合していくことも可能です。三宅(2004)は「構造化ジグソー」や「ダイナミックジグソー」など、ここで紹介したよりも大きくて複雑なジグソー法を紹介しています。また、日本語教育では、有田(2004)、砂川・朱(2008)、大島(2009)、朱・砂川（2010）などにジグソー法の実践報告がありますが、最近ではオンライン授業においてZoomとMoodleを活用したジグソー法の実践（早野2021）も報告されています。

このような活動では、自分の担当テキストについてはグループの中では自分しか読んでいませんから、十分理解し、なおかつ的確に説明できなければなりません。説明しているうちに理解があやふやなことに気づき、テキストを読み直すという現象も起きます。つまり、担当部分に大きな責任をもつことになるのです。また、自分の情報を正確に伝えるとともに、他者からの情報とどのように関連づけるかが重要になってきます。

統合の過程で互いの情報を関連づけるということは理解において重要な意味をもっています。たとえば環境問題について異なったトピックの別々の記事を読んだ場合、島が海面下に沈むという現象についての記事を読んだ人は、二酸化炭素排出量の規制についての記事を読んだ人の説明を聞いて、自分の得た知識を地球温暖化の問題全体の中で位置づけることができ、さらに理解を深めることができるようになるでしょう。

また、統合のプロセスでは、他のメンバーの話も知りたいという気持ちが高まり、ひとつに作り上げるときの喜びや達成感を味わうことができます。

このようにジグソー・リーディングの「情報を持ち寄る」という課題の特徴は、互いに協力し合うということはどういうことかを体験するのに適しています。特にひとつのまとまったストーリーを分割して読んだ場合には、自分が読んだ部分の情報を提供せずにただそこに座っている人がひとりでもいれば、情報を統合してひとつにまとめあげるという課題は遂行できません。互いがもっている情報に責任をもち、互いが対等に協力し合い、全員の協力がないと全体が完成しないということを実感するはずです。ここでは、情報の統合という課題を遂行するとともに、社会的関係性の構築についても学ぶことになります。したがって、ジグソー・リーディングはテキストの理解の見直しもさることながら、むしろグループ作りに力を発揮します。筆者は数回連続のピア・リーディングの授業では、初回に例に挙げたようなごく簡単なジグソー・リーディングを行い、ピア・リーディングのオリエンテーションをかねて、グループのメンバーが互いに協力することの意義や互恵性、対等性を体験してもらうようにしています。

5.4.2　プロセス・リーディング―同一テキストの読みの異なりから学ぶ

次に同一テキストを読み、仲間と読みの過程を共有するプロセス・リーディングについて説明します。ここで紹介する例は、先に挙げたプロセス・リーディングの(b)-1と(b)-2の中間の形、つまりテキストの読みの過程を共有しますが、全過程を共有するのではなく、一部だけを共有するタイプです。実際に筆者が授業で行った例を見ていきましょう。

①初級後半における例

〈テキスト〉星新一「殺し屋ですのよ」(新潮文庫『ボッコちゃん』pp.26–31)

〈進め方〉テキストを10分割し、パート1–パート10と名づけます。ショート・ショートのオチの部分であるパート10は配付しません。パート1から9までをタスクシートを参照しながら読んでくることを予習とします(この部分を授業中に読むというデザインも可能です)。授業の最初に、まず個人で各自の予習を確認するような基本的な設問と予測項目からなる「確認シート」に記入することにより、簡単な確認および予測をします。個人の理解をしっかりと確認しておくことは重要なことで、他者との対話の基礎となります。しかし、これには時間をかけすぎないようにします。次に4～5人ずつにグループ分けをします。このグループ編成は考慮すべき点が多々ありますので、別の項でもう少し詳しく触れます。

グループごとに着席し、予習した内容の確認と今後の予測の設問からなる「グループシート」にそってグループ内で話し合いをします。話し合うべき課題が明示的に示されていないと、話し合いが散漫なものになりがちなのでこのグループシートが役に立つでしょう。

次に、それぞれのグループで話し合った内容（予測）をクラス全体に向けて発表します。グループ対抗で質疑応答の時間を設け、どのグループの予測がより妥当なものかを話し合います。最後に自分たちのグループの活動について振り返る時間を設け、その後、各個人で「提出シート」に記入をします。提出シートは宿題とすることもできます。

重要なのはグループで振り返りを共有する時間をもち、さらに個人に戻って内省をすることです。この個人の内省の過程でいろいろな気づきが生まれますので、十分内省できるような仕組みをデザインすることが重要だと思われます。提出シートは内省すべき課題を示し、自分の思考を文字化するという外化作業によって、学習を意識的に振り返ることの手助けをします。

〈考察〉

上記の実践を考察します。

「殺し屋ですのよ」では、ある日、エヌ氏の前に若い女が現れ、女は自分は殺し屋なのでエヌ氏のライバルであるＧ産業の社長を殺してあげると殺しの注文を取ろうとします。結局、エヌ氏は半信半疑で仕事を依頼しますが、４ヶ月後、Ｇ産業の社長の葬儀のニュースを聞きます。女の腕がすばらしいと理解したエヌ氏は、結局、女に成功報酬を支払うことになります。

この実践では、最終部分を配付せずに予測を行わせました。まず個人で予測し、それをグループで話し合うことによって、より妥当性の高い予測が生まれてきました。その予測（仮説）はグループ内の他者の質問に答える過程で、さらに精緻化されていきました。

「この女は何者なのか」「どのようにしてＧ産業の社長を殺したのか」というのがパート９まで読んだ後の予測課題です。図２は、ある４人グループの話し合いを図示したものです（舘岡（2006a）より）。

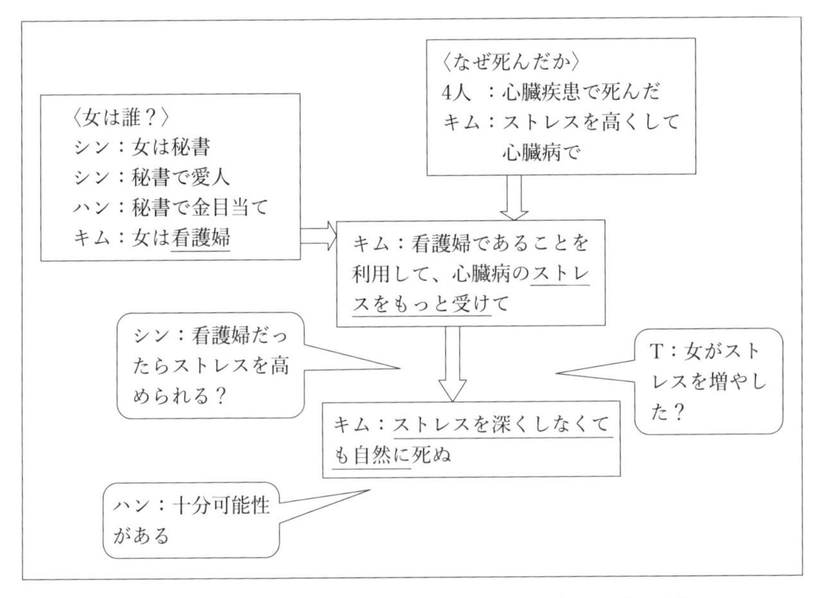

図2　「殺し屋ですのよ」の予測話し合い（舘岡（2006a）より）

グループのメンバー4人はみな、当初、女の言葉どおりG産業の社長は心臓疾患で死亡したのではないかと考えていました。女が何者かについては、シン（仮名）がG産業の社長の秘書だと提案したのをきっかけに、メンバーは秘書案に賛成し、それを精緻化していきますが、その中でキム（仮名）が看護婦（看護師）ではないかと新しい案を提出します。キムは女は自分がG産業の社長の看護婦であることを利用して、社長のストレスを高めたのではないかと考えます。さらにキムはグループの他のメンバーからの質問に答えながら、自分の提出した看護婦案をより説得力のあるものへと修正していき、最終的には女は何もしなかった、もともと心臓が悪くて自然に社長は死んだのだという結論に至ります。この過程で、仲間はキムにとって自分の考えを整理し深めるためのモニター役となっています。

フォローアップ・インタビューでキムはシンの秘書案がヒントになり、秘書よりももっと整合的な仮説は何だろうと考える中で看護婦が出てきたといいます。

正解を求めての話し合いではなく、話し合いを通して他者との不一致、ズレや自分自身の考えの曖昧な点に気づき、そこからテキストに戻り再度読み直して自分の理解を検討し深化させることが、ピア・リーディングの目的です。その過程が成り立つためには自分自身の考えを絶えず吟味し、変更する柔軟な姿勢が必要でしょう。それが実現できるような装置を教師は考えていかなければならないと思います。後に5.5.1で詳しく述べますが、対話による学習の過程では、①自分自身の理解・意見を生成し、②他者の意見を受容したり自分の意見を発信したりしてインターアクションをし、③自分自身の中に他者とのやりとりを受容し自分や周囲を変えていくというステップが考えられると思います。前述のキムは、①のステップでしっかりした自分の意見をもった上で、②のインターアクションにより気づきを得て、他者の考えを受け入れ③で自説を変更しています。協働的な学習場面では、②のインターアクションばかりが強調されがちですが、①自分の理解や意見をしっかりもつこと、③受容し自己変容を遂げることは大変重要だと思われます。そのための時間の確保と仕組みづくりや促しが必要でしょう。

②中〜上級における例

例①では文庫本でわずか6ページの短編小説をテキストとしましたが、例②はもう少し長い小説です。方法は基本的には同様ですが、さきに図1に挙げた(b)-1よりも(b)-2のウエイトが高くなります。

〈テキスト〉村上春樹「螢」(新潮文庫『螢・納屋を焼く・その他の短編』pp.9–47)

〈進め方〉テキストを5分割し5回にわたって実施しました。毎回、予習を課します。予習のタスクについてはMoodleなどのLMS(Learning Management System：LMS，学習管理システム)を用いて事前に各自が書き込む方法を採りました。話し合いは、グループごとに「提出シート」に書かれた課題を中心に話し合いますが、自分たちのグループで独自に決めた話題についても話し合います(「提出シート」参照)。4～5人のグループを編成し、役割を決めます。役割は①質問係(グループのメンバーに質問をして、語句や文法、内容理解で明確でないところを確認する、またはさせる)、②要約係(口頭でパートごとの要約を自分がする、または他のメンバーにさせる)、③話し合い係(提出シートに提示された課題について、あるいは、グループ独自で話し合いたい話題について話し合う際の司会をする)、④発表係(話し合った内容をクラス全体に向けて発表する)です。ほかに⑤朗読係(気に入った部分を朗読してメンバーに聞かせる)や⑥書記(グループの意見を記録する)などを設けることもできます。グループには日本語学習者に混じって院生ボランティアも参加しました。グループごとの話し合いの後に、各グループからの発表およびクラス全体での話し合いの時間を設けます。最後に個人での振り返りの時間を設け「提出シート」の記入を行います(宿題にすることも多いです)。提出シートでは要約や課題についての記入のほかに、自分の読みがうまくいったか、自分の話し合いがうまくいったかなどを自己評価します。

作品を読み通した後には、「批評家になって『螢』に関する評論文を書く」という実践をしました。この部分は自分の意見のアウトラインを作り、仲間との対話をとおして評論文を仕上げていくピア・レスポンスの方法をとりました。最後にクラス全員の評論集を作りました。

〈考察〉

以下に考察します。

短編小説ではありますが、作品全部を読みとおすことに意義があります。初めのころの話し合いは、語句を確認したり予習が不十分な学習者に他の学習者が教えたりしていましたが、回を重ねるにつれてだんだん登場人物である僕と彼女と彼との関係について言及されるようになり、これから僕と彼女がどのようになっていくかなどが話し合われるようになりました。村上春樹

提出シート（例）

テキスト「螢」Part［　　］～［　　］（　　ページ～　　ページ）

年　　月　　日　　なまえ

<table>
<tr><td>グループメンバー
（名前を書く）</td><td colspan="2">質問係　要約係　話し合い係　発表係
（　　）（　　）（　　）（　　）</td></tr>
<tr><td rowspan="3">今日の授業は
うまくいきましたか。</td><td>読むことについて</td><td>a. うまくいった　b. だめ
（理由：　　）</td></tr>
<tr><td>話すことについて</td><td>a. うまくいった　b. だめ
（理由：　　）</td></tr>
<tr><td>話し合いによって自分の読みに変化がありましたか。</td><td>a. 前と同じだが深まった　b. 考えが変わった
c. ほかの人の意見がおもしろかった
d. 何も変化はなかった　e. その他（　　）</td></tr>
<tr><td>【課題7】友人はなぜ死んだのか。僕は死についてどう考えるようになったか。</td><td colspan="2"></td></tr>
<tr><td>【課題8】大学生になってからの僕と彼女はどんな関係？</td><td colspan="2">僕と彼女の関係は</td></tr>
<tr><td>【課題9】僕の大学生活はどんな生活？
【課題10】1年生の冬にはどんなことがあったか。
↓
「僕」ってどんな人？</td><td colspan="2">「僕」という人は</td></tr>
<tr><td>【みんなが決めた課題】</td><td colspan="2"></td></tr>
<tr><td>「ひとりごと欄」
テキストへの感想、授業の進め方に関する意見など、今日感じたことを何でも書いてください。</td><td colspan="2"></td></tr>
</table>

の世界を味わい、そこで自分なりの解釈を他者にぶつけ、多様な視点からの意見を聞くことができるのは、ひとりで読んだときには得られない楽しさであり、また学びの機会であると思われます（村上春樹『螢』の実践の詳細と学習者に実施したアンケートの結果については舘岡（2006b）をごらんください）。

また、授業デザインとしては、グループの話し合いの前に、教師主導で語句や文法の確認や説明をすることもあります。学習者同士で話し合うよりも教師が的確に説明するほうが合理的な場合も多いからです。あるいはまた、グループの話し合いの後に、それぞれのグループが適切に内容を理解しているかどうかをクイズ形式でチェックすることもあります。テキストの難しさや学習者に合わせて工夫する必要があるでしょう。

最後にみんなで完成させた「評論集―螢をめぐって」はクラスの話し合いの歴史をふまえた「作品」となりました。それぞれの評論は、ピア・リーディングによる対話を通して自分の論点の核を深め、精緻化したものにほかなりません。

5.4.3　ジグソー・リーディングとプロセス・リーディングの組み合わせ

すでに紹介したジグソー・リーディングとプロセス・リーディングを組み合わせることもできます。舘岡（2005: 133–140）では星新一のショート・ショート「誘拐」を使ったこの例がやや詳しく紹介されています。重複しますが簡単にご紹介します。

初級後半の例

〈テキスト〉星新一「誘拐」（新潮文庫『ボッコちゃん』pp.136–140）

テキストを4分割（テキストA、テキストB、テキストC、テキストD）し、オチの部分のDは配付せずにおきます。A、B、Cもテキストの順番と変えておくとよいでしょう。

〈進め方〉クラスを3分割(Aグループ、Bグループ、Cグループ)し、それぞれのグループ(エキスパート・グループと呼ぶ)の中で担当テキストについてエキスパートになれるようによく読みます。この部分は同一テキストについて仲間と読みを共有するので、プロセス・リーディングです。互いに疑問に思うところを教え合います。つぎにA、B、Cの各グループから1名ずつで3人1組のグループ(ジグソー・グループと呼ぶ)を作ります。このグループの中で各自は自分の担当テキストについて他のメンバーによく説明します。A、B、Cの情報をつなぎ合わせ適当な順序に並び替えます(テキストはA、B、Cの順ではありません)。さらには配付されていないDの部分がどのような展開になるかを予想します。最後に、グループごとに自分たちの並べたテキストの順序とDの部分の予測をクラス全体に発表します。

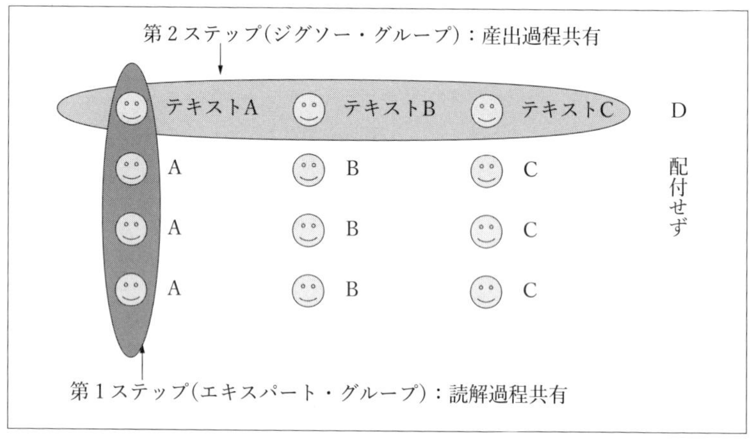

図3　ジグソー・リーディングとプロセス・リーディングの組み合わせ

〈考察〉

実践結果を考察します。

前半のエキスパート・グループでの読みは、同一テキストの読解プロセスを共有するプロセス・リーディングですが、その後、ジグソー・グループでの読みはジグソー・リーディングです。後半のジグソー・リーディングが成功するかどうかは、前半のプロセス・リーディングで担当部分が十分理解できたかどうかにかかっています。とくに、読解力が他のメンバーより低い学習者の場合、担当部分をまずプロセス・リーディングで読むことにより他者からの助けを得て理解が促され、次のジグソー・リーディングで他のメンバーに説明できるようになった様子が観察されました。このように担当部分の読みに責任が生まれるわけですが、これは同時にプレッシャーともなると語った学習者もいます。

ジグソー・グループの話し合いでは、ストーリーの統合過程とそれに続く予測の活動は学習者にとって大変楽しくなります。Dの部分の前までは同じテキストを読んでいるにもかかわらず、グループによってDの予測は多様で、意外な展開予想に驚かされます。どのグループの予測がより説得力をもっているかを吟味したり、自説を主張したりすることにより、理解を深める機会が提供されます。

5.5　ピア・リーディングを実りあるものにするために —授業デザインと教師の役割

5.5.1　ピア・リーディングにおける対話の3ステップ

前にも少し触れましたが、対話をとおして学ぶ場合の「対話の3ステップ」を図4のように考えてみました。対話による学びの第1ステップは「ソロ」です。まずひとりで読んで、自分の理解や意見を生成する段階です。この段階が十分に成り立っていないと、次の段階で発信することができず、また、自己と他者との違いに気づくこともできません。ソロの部分があってこその発信であり、受容であり、ソロがなければインターアクションができないのです。また、ちょっと矛盾するようですが、第2ステップ以降のステップを通して、ソロが明確になっていくという面もあると思います。

第2のステップは「インターアクション」です。第1ステップで生成した自分の理解や意見を他者に向かって発信し、発信すると同時に他者の理解や意見を受容します。自分の理解や意見を他者のものと重ね合わせることによってさまざまな気づきがあり、そこから見直しが始まります。たとえば、プロセス・リーディングであれば、同じテキストを読み、同じ話題について話し、他者の主張を聞き、同じ土俵に立って初めて、視点や解釈の異なりに気づき、自分の理解を振り返り吟味できるのではないでしょうか。つまり、他者との「重なり」があるからこそ、他者と自分との「異なり」に気づいていくのではないでしょうか。また、ジグソー・リーディングであれば、人によって読んだ部分が異なっていても同じトピックだったり、あるいはひとつの記事や小説の一部分だったりすることで他者との重なりがあり、同一トピックについての互いの理解を関連づけ深化させたり、ひとつのストーリーにまとめ上げたりすることができます。ここでは、異なったもの同士をつなぎ合わせるときに他者との「つながり＝重なり」があるからこそ「異なり」が生かされるのではないでしょうか。そのような意味で、ピア・リーディングでは「重なり」を作り「異なり」を生かすデザイン、すなわち参加者が土俵を同じにできるような重なりとそこから生まれる異なりが生かされる工夫が必要になってきます。協働的な学習においては第２ステップでどのようなインターアクションがおき、理解が深まっていくかは重要な鍵となります。

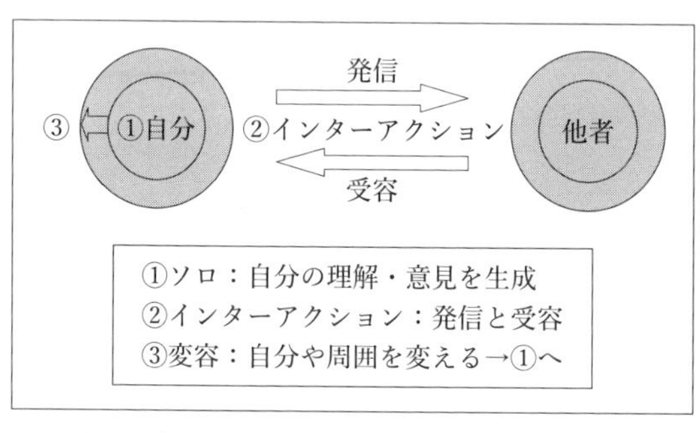

図４　対話の３ステップ（舘岡（2006a）より）

第3のステップは、この発信と受容の繰り返しによっておきる「変容」です。つまり、他者の理解や意見を受容して自分のものと統合し、自分自身や周囲を変えていきます。別の言い方をすれば新たなるソロの生成です。この「変容」のステップを図4では①の自分が拡大するように表しました。おそらく第2ステップと第3ステップは重なったものであろうし、あるいは第2ステップの繰り返しの中で第3ステップが起きるのかもしれません。第3ステップでは、自分の考えや理解を修正したり精緻化したり拡大させたり、またさらに新たなる発見をしたりする可能性があります。そこで変容したソロをもとに、第1ステップに戻り、続いてインターアクションを繰り返し、さらにソロは進化します。

以上に述べた第1から第3のステップは線状に1回限りのものとして一方向に進んでいくものではありません。第2と第3のステップが重なっていることに加え、途中で何度も第1ステップのソロの見直しが起きるでしょう。むしろ、先にも述べたとおり、最初は曖昧だったソロが、インターアクションを通して次第にその姿を明確にしていくのではないかと思います。つまり、第3ステップからまた第1ステップに戻っていくという、行きつ戻りつの往還的なものなのです。

筆者は評価もこの3つのステップに合わせて考えることにより、さまざまな観点からある程度長期的に見ることができるのではないかと考えています。まず、第1のソロのステップでは、提出シートによく読めたかどうか自己評価をする欄があります。また、教師はLMS（学習管理システム）への記入、授業冒頭での確認クイズなどにより評価します。第2のインターアクションのステップでは、話し合いがうまくいったかどうか、第3の変容のステップでは、自分の意見は他者の意見とどこが異なっていたか、それは変わったかなどを自己評価し、提出シートに記入します。教師は話し合いの参加度や最終の評論文などを評価します。最終の評論文（時にはスピーチのこともあります）には他者評価も加わります。毎回の提出シートや評論文を集めることによって学習者各自のポートフォリオ（学びのプロセスで生み出された学習成果をファイルしたもの）を作成します。このポートフォリオは自己評価、仲間からの他者評価、教師評価から構成することができるでしょう。

5.5.2　ピア・リーディングの授業デザイン

5.5.1 では対話を通して学ぶときの 3 つのステップを想定してみました。では、ピア・リーディングによって参加者各自が対話を通して学ぶためには、上記の各ステップの授業デザインではどんなことが重要になってくるのでしょうか。ステップごとに順を追って見ていきましょう。

まず、第 1 ステップはソロの生成です。さきに述べたように個人の読みがじっくりと行われなければ、インターアクションも始まりません。この段階で問題となるのは、テキストベースの生成です。母語における読解と比べて、第二言語の読解においてはテキストベースレベルの理解のためにもさまざまな支援を必要とします。たとえば語彙や表現でいえば、辞書的意味がわかるだけでは不十分で、文脈に合わせた理解も必要になってきます。学習者の日本語レベルによっては、いきなりグループに分かれて話し合いを行ったのでは、ソロ生成のための手当てが不十分な場合もあります。必要に応じて、授業の冒頭でこれらの問題を解決するための時間をとるべきだと思われます。教師が質問に答える形で問題解決のための時間をとってもよいでしょう。また、予習段階のサポートとしてタスクシートなどの補助教材はもちろん、LMS（学習管理システム）を利用して質疑応答や事前ディスカッションをすることも対話のレディネスを高めるのに有効です。

第 2 ステップのインターアクションでは、学習への参加者が互いに同じ土俵に立って建設的なインターアクションができるような教室デザインと、適切な促しが必要です。タスク、メンバー編成および教師の役割について見ていきましょう。

具体的にはどんなタスクが望ましいでしょうか。まず第 1 に、目標達成にふさわしいタスクであるべきです。コース全体の目標の中でその日の授業はどういう位置づけなのか、何を学ぶべきなのかによって、タスクが異なってきます。それが明確でないと、タスクを実施すること自体が自己目的化してしまいます。第 2 に、協力する価値のあるタスクであるべきです。他者と協働して新しく何かが創造されうるタスクでなければ、協働する意味はありません。第 3 に、対話が空回りしないような工夫が必要です。ピア・リーディングにより活発なクラス運営ができたとしても、それがそのまま学んだことになるかどうかは疑問です。発話が多くなったからといって学んでいるとは言えません。自らの理解を深めるには、参加者が同じ土俵に立って、他者の意見をよく理解し、さらに自分自身の内省へと向かっていくことが何より重要だと思われます。この各自が内省へ向かうという点が一番重要だと考えますので、5.5.3 でもう少し詳しく述べるつもりです。

次にメンバー編成ですが、第 1 にサイズを考慮しなければなりません。どこを協働するか、どのように協働するかによって、サイズが変わってきます。まず、ソロの時間をどのようにとるかは重要です。また、ペアなのか、4 ～ 5 人のグループなのか、10 人くらいのグループなのか、クラス全体なのか、タスクの特徴を考えてデザインします。第 2 に、どのように組み合わせるかを考慮しなければなりません。どんな仲間といっしょに学ぶかは多くの学習者にとって重要な要素のひとつのようです。仲間によって動機づけが高くも低くもなりえます。母語が異なる者同士で編成すると必然的に日本語使用場面を作ることができますし、背景が異なっていることにより視点の異なりから多くのことを学ぶチャンスがあるでしょう。また、一定期間メンバーを固定することによって互いのことをよく知り、グループ内の協力関係を高めることもできます。逆に毎回グループメンバーを変更することにより、さまざまな視点をもった人との協働が学びになるという考え方もあります。授業の場合、1 学期間はクラスは同じメンバーなのですからその中での組み合わせは、毎回の様子をよく観察して柔軟に対応するべきだと思われます。第 3 に、事前にグループ内での役割を分担しておいたほうが、協働活動がスムーズに進みます。質問係、要約係、話し合い係（司会）、書記、朗読係、発表係などの役割分担を決めることによって、参加を促し責任を持たせることができます。また、具体的な課題を遂行する場合には、課題遂行役と相談役（モニター役）のように本来はひとりで行う活動をペアで分担する方法もあります。

このような授業活動において、教師は何をするのでしょうか。教壇に立って何かを教えたり説明したりする機会は、かつての方法、つまり先に挙げた「オーソドックスな」方法に比べるとずっと少なくなります。授業はワークショップのような参加型の授業になりますから、進行役であるファシリテーターとしての役割が大きくなります。しかし、教師としての介入がまったくないわけではありません。むしろ、必要な場面で積極的に介入をして、話し合いを焦点化したり理解の深化を促したりします。以上のように第２ステップでスムーズにインターアクションができるには協働のためのさまざまな工夫が必要になってきます。

対話の第３のステップは変容です。変容のステップを成り立たせるには、第１にじっくりと振り返ることのできる内省の機会を作ること、第２に変容を可能にする環境としての共同体の育成を挙げたいと思います。

まず、第１の振り返りは、新たなるソロ（第１ステップ）の生成でもあります。それには、他者を受容するとともに十分に自分自身を振り返る必要があります。内省を深めることによってソロの変容へとつながります。これは学びおいて重要な点であるため、次節でもう少し検討します。

第２に互いに変容することを受け入れ、認め合える共同体の生成が重要だと思います。個人が成長するばかりでなく、協働することによって、互いのことをよく知り尊重し、互恵的に協力し合える場として、グループなり教室なりの集団としての成長というものもあると思います。筆者はこれを「集団的学び」と呼んでいます。また逆に、そのような集団においてこそ各メンバーは自らの居場所を確保し、互いに安心して発信し受容し学び合うことができる、つまり、個人の成長が保障されるのではないでしょうか。個人と共同体の成長はどちらかが先なのではなく同時のものだと考えられます。ピア・リーディングは、１回だけの授業ではなく、回を重ねるごとにメンバーそれぞれが成長し、また共同体としても成長していくことができるよう、ある程度長期的なビジョンの中に位置づけて考えるべきだと思います。おそらく進化する個人は進化する共同体の中で育つと思われますし、進化する共同体は進化する個人によって形成されるのではないでしょうか。個人の進化と共同体の進化は同時的なものだと思うのです。

5.5.3　内省に向かうインターアクション―外化＝内省とするために

5.5.3.1　再び問題提起―協働すれば学べるのか

ピア・リーディングで最も重要だと思われるのが、ソロで生成された自らの理解の深化が促されるような、あるいは理解の変容が迫られるような読み手自身の内省活動です。

現実の授業では、発話数が増え授業は活発にはなったものの内省が進まず、学習者自身がどれくらい学ぶことができたのか疑問だという場合が少なくありません。その問題を解決する前に、ここでなぜ仲間と協働するのか、ということをもう一度考えてみましょう。

読むという活動は、読み手が「自問自答」によって問題解決を行う活動でもあります（舘岡 2001）。その「自問自答」を他者に向けて行う、つまり他者に問い、あるいは他者の問いに答える、または、ともに考えるということによって、自問自答はさらに動的なものとなり、自分自身がもっていた問題解決過程における仮説（読み）に揺さぶりがかかるのです。相手がいることによって自分の思考過程の外化に必然性が生まれ、外化により思考が整理されます。また、外化という相手に働きかける形をとりながら他者との違いを通して自己の理解の再吟味を行い、さらに自分の理解を深めるという内省的な活動を行う可能性が出てくるのです。つまり、図5に示したように、相手と対話をしながらも、同時に自分自身との対話、つまり自問自答をしているのです。他者との対話という相互作用の中で、内省を深めることによって、必要があれば自分自身が変わるということになります。自分をとりまく周囲との相互作用の中で自己を変えることにより、動的に学習が起こっていると考えられます。なぜ仲間と読むのか――それは、仲間をとおして自己との自問自答を深めることができ、自らの学びのプロセスが変わる可能性があるからです。ここでは創発が起き、新しいものが生み出されうるのです。

では、仲間と読むと必ず自問自答は深まるのでしょうか。必ずしもそうとはいえないでしょう。話し合いをしても互いが述べることがバラバラで議論が深まらない、自分の意見は言うけれど他の人の意見は聞いていない、設問への正解を急ぐばかりに自分の本当の意見をもたない、あるいはすでにもった意見を再吟味しない、こういうことはよくあることだと思われます。つまり、対話をとおして学べるにはそれなりの「いい対話」をしていかなければならないのだと思います。また、対話から自己との自問自答＝内省へとつながっていかなければなりません。では、どのようにしたら、理解深化を導くような対話が生まれ、そして内省へとつながっていくのでしょうか。

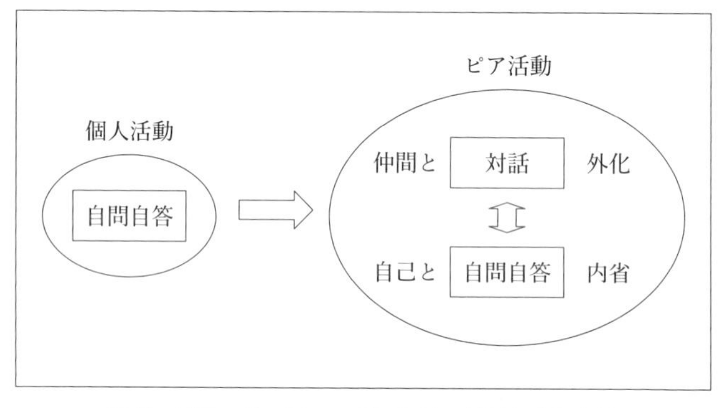

図５　ピア・リーディングにおける対話と自問自答

5.5.3.2　内省へとつなげる工夫

それには、対話が空回りしないような工夫、同じ土俵に立った焦点化された対話にするための工夫と、そこから内省へとつなげていく工夫が必要なのです。そのために教師が留意すべき重要な点として、3つの点、すなわち①焦点化、②可視化、③受容を挙げたいと思います。

可視化のための板書

第1に、話し合いが散漫にならないように論点を「焦点化」すること。たとえば、話し合いの課題を予め決めたり、タスクシートにそって話し合いを進めたりして、論点を焦点化します。議論の進め方も学んでおく必要があります。また、主張する意見に対してたえずテキストに戻って論拠の説明を求めることが必要です。「テキストのどこからその意見は出てくるのか」「なぜそう思うのか」といった質問を習慣づけさせます。これはテキストの部分間、あるいはテキストのある部分と解釈との整合性を求めることになります。実際に筆者が行った授業では、より派手な意見で注目を集めようとしたり、ムードで他者の意見に迎合したりするケースも見られました。しかし、テキストのどの部分を根拠に意見を述べているのか、たえず教師が質問することにより、学習者間でそれが意識化され、学習者同士が互いにそれを質問するようになりました。その結果、議論が焦点化され深まってきました。

第2に、他者への伝達のためにも自分自身の内省のためにも、考えをなるべく具体的に明確に「可視化」させること。自分の意見や考えを他者に見えるように伝えなければなりません。読んで理解できたことや感じたことは各自がイメージのようにしてもっているものですから、それをあえて言語化するという作業が必要になります。相手に伝えるために言語化することは、自分自身の考えを整理したり深めたりすることでもあります。言語化しやすいようにタスクを具体的にすることも重要です。教室では板書により他者との違いを可視化することもできます。また、タスクシートなどは可視化のための道具として利用することができるでしょう。これは、ポートフォリオ資料の一部にもなります。授業終了後に提出シートに記入することによって、授業前に考えていたことや授業中の他の学習者の意見などバラバラだったことがつながり、さらにテキストに戻って確認をして自分の理解が深まったことを実感したという学習者もいました。これは提出シートをきっかけに内省が行われ、理解深化が促された例だと言えます。

また、グループで記入するタスクシートは、自分自身のために可視化すると同時に意見を他者に開示する道具となりえます。またクラス全体の話し合いや発表を表などに整理して翌週に配付することにより、協働的な学習のプロセスを可視化することになります。協働して可視化したものは、グループの作品として学びのプロセスを形に残すことになり、共同体としての成長の記録ともなります。筆者はピア・リーディングによって読んだ小説について、ピア・レスポンスで評論文を書き、それによって評論集を作りましたが、これも学習者の成長の記録であり、参加者みんなの協働による作品といえるでしょう。

第3に、他者の考えや意見を「受容」できるような柔軟さをもつこと。柔軟さがないと受け入れることができません。それと同時に他者を受容し自己と重ね合わせられるようなしっかりした自己（ソロ）をもつこと。5.4.2で挙げた事例では、ソロの読みがしっかりしている学習者キムは、まず自分の仮説をもっていますが、他者とのやりとりを契機に自分の仮説を見直し、柔軟に変更し、さらにそれを精緻化していました。他者の考えをどれくらい受容して自分の考えを見直し深めることができるかは、どれくらい学べるかと同じことを意味しているのではないでしょうか。それには、互いに受容し合えるような「クラス文化」作りが重要です。教師は学習者の様子をよく観察して、それを意識した授業デザインやグループ編成が必要だと思います。

5.6　ピア・リーディングの進化

ピア・リーディングを提案してから実践を繰り返す中で、筆者自身のピア・リーディングも変化してきました。そこで、本節では、第3章の図3として提示した「協働的な学習が提供する学びの場」を再掲し、この図にあてはめて今までのピア・リーディングの実践を振り返ってみます。

はじめは、まず教室内の他者（ピア）と協力して課題を遂行することがめざされました。どのように協力していけば対象となるテキストの理解を深めることができるのか、そのためのデザインとは、ということが問題意識でした。一方では、協力していくことができるためには関係性構築が重要であり、情意面も重視していました。これを「ピア・リーディング実践の第1ステージ」と呼ぶことにします。第1ステージでは、認知的側面と社会的側面は両方とも重要であり、また、両者は一体であるという考えの下に実践を行っていきました。「協働的な学習が提供する学びの場」に当てはめると、図6に示すように、学習者は他者と対話をし、テキスト理解を深めていったということで、右側の三角形が成り立っていたと言えます。ただ、他者との対話が活発になったとしても、自己への内省、つまり図の左側へのアクセスはうまくいったり、いかなかったりで安定していませんでした。

そこで、どうしたら自身への自問自答をより促すことができるかを考えたのが「ピア・リーディング実践の第2ステージ」です。実践上の工夫として、自分と関わりを持ちやすいテーマのテキストを選び、「自分の問題として考える」という課題を授業デザインの中に盛り込んだのです（図7参照）。

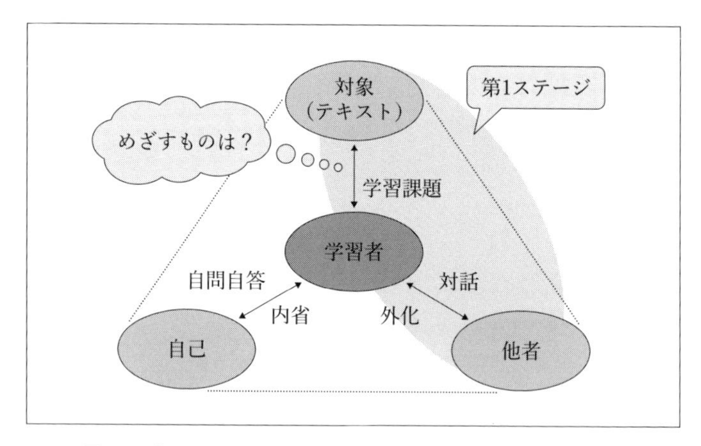

図６　ピア・ラーニングが提供する学びの場―第１ステージ

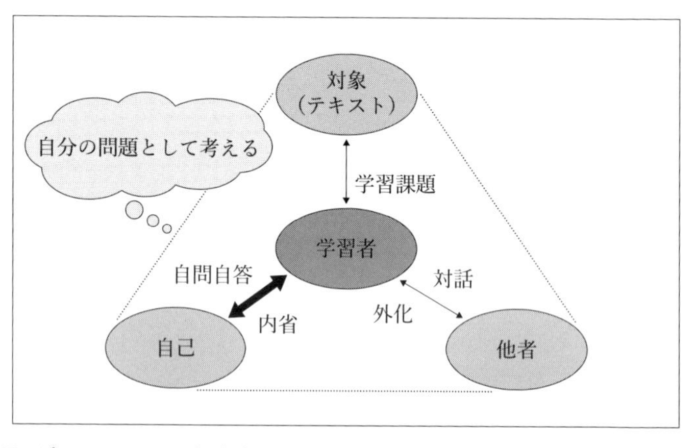

図７　ピア・ラーニングが提供する学びの場ー第１ステージから第２ステージへ

具体的には、読んで理解する活動→自分の問題として考える活動→表現する活動という一連の流れを作りました。ここでは、在日作家である徐京植がＦ君と老婆のエピソードをもとに国について述べたエッセイ「さまよえる老婆」をテキストとした授業の実践について、簡単に説明します。

この授業で台湾からの学習者キティ（仮名）は、第１日目に「台湾人としてずっとほかの国の人に「中国」という国のシールを貼っているけど、自分は「さまよえる老婆」と同じ、どんなシールを貼っても、私は私です。」と述べています。その後、2日目の話し合いではクラスメイトのボニーが「国はただのラベルにすぎない」と言うのを聞いて、その後の作文プランシートでは、「たしかにいまどきの人は、いくらのパスポートをもっているかどうかはもうそんなにめずらしくない。だが、人は人種があるだろう。たしかに国は大抵シールみたいな、そんなに重視されないかもしれない。私は、自分がどこの国の人のことをハッキリ言えるように、現代人の国家意識を書きたいだ(原文のママ、以下も「　」内は原文のママ)。」と書いています。台湾人であるキティにとっては、国はただのラベルではないし、自分は中国人ではなく台湾人である、ということを強く主張したかったように見えます。クラスメイトとの話し合いでは、台湾人はみんなキティと同じように考えているのかと質問されたことを受け、その後の作文では、同じ台湾人でもパスポートを複数もっている友人のことを紹介しています。そのうえで、「自分は、ただ一冊のパスポートをお守りのように、いつも大切にしている。別にそんな取りがたいではないけど、私にとっては、ただ唯一自分のアイデンティティーを表明するものなのだ。それすらもなかったら、私は中国人になり、ヨーロッパやアメリカ人にとって、私は更にアジア人になるだろう。台湾の国際の立場は、もうそんなに弱いのに、もし国民は自分が台湾人というのを言えなかったら、この国は本当に消えてしまうだろう。この点について、私も老婆のように、たとえ他の人に中国と言うシールを貼られたとしても、私は私だ。」と書いています。他者の意見を聞きながら、テキストの理解と重ねつつ、自身の主張を明確にしていっていることが見てとれます。この作文をもとにまたクラスメイトと話し合い、さらに「同じ台湾人だが、生活環境の影響かもしれない、人によって、自分にとって国は異なることになるのだ。」「今現在では、民主社会といっても言い過ぎない。誰でも思想の自由権があることで、他の人に私と同じ考え方をさせない。それに、違い考え方を持っている人々と意見交換するほど、もっと楽しくと思わないか。」と加筆しています。

キティはテキストを読み、他者とやりとりをし、自分と国との関係について自問自答を繰り返しています。詳しくは舘岡(2012)をお読みいただきたいのですが、この実践例のように「自分の問題として考える」ことによってテキストとの関わりが深まり、自問自答が促進されたように思います。この第2ステージの実践によって、ピア・リーディングの2つの側面、課題遂行という認知的側面と社会的関係性構築による社会的側面とは統合することができたのではないかと思います。

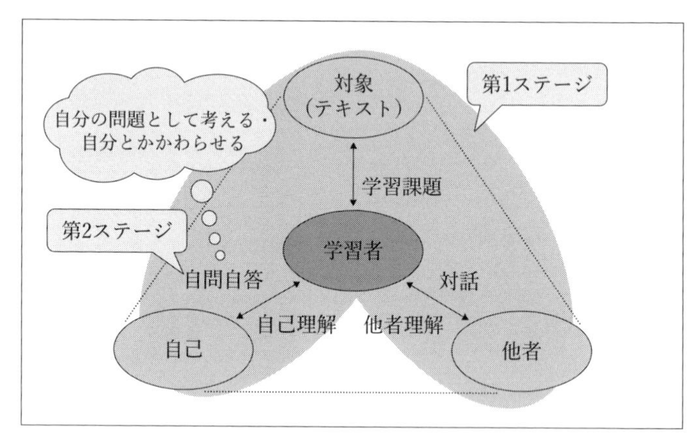

図8　ピア・ラーニングが提供する学びの場—第2ステージ

こうした実践を繰り返す中で、学習者がテキストを提案するという「事件」が起きました。それまでは授業で読むテキストは、担当教師である筆者、あるいはこの授業を担当する教育実習生たちが選んでいました。しかし、ある日、トム(仮名)という学習者が「これを読んでほしい」とニューズウィーク日本版の保護貿易の記事を持ってきました。その記事は世界経済に関する背景知識を必要とするために、当該クラスで扱うのは少し難しいのではないかと思いましたが、学習者が「このクラスでみんなで読みたい」と言ってくれたことを重く受け止め、授業でクラスメンバーに提示して採用することの賛否を検討してもらうことにしました。その結果、クラス全員で「よいテキストとは何か」「よい授業とは何か」を話し合うという展開になりました。話し合いでは、学習者ひとり一人の「学ぶこと」や「日本語への捉え方」などさまざまな価値観がぶつかり合いました。このせめぎあいの中で、学習者たちは他者を受け入れつつも自らの意見を主張し、考え、クラスのあり方をいっしょに創造していきました。結果としては、教師がすでに用意していた次のテキストを取りやめ、トムの提案したものと同じテーマで日本語が少し易しいものに替えました。そして、トムやほかの学習者も教材作り、授業作りに参加することになりました。学習者たちは明らかに個人の視点からコミュニティの視点に移っており、教師も「支援者」からいっしょに授業を創る「参加者」へと変わっていきました。興味深い「事件」だったため、舘岡(2010)として記録しました。

これを例の三角形に当てはめてみると、図9に示したとおり、この場全体を「いっしょにつくっている」ということができるでしょう。このステージを「ピア・リーディング実践の第3ステージ」と呼んでいます。第2ステージまでは、教師がデザインし、そこに学習者たちが参加する中で教師はファシリテーターとして学びを促していたといえるでしょう。しかし、第3ステージにおいては、その「場自体」も教師と学習者が「いっしょにつくって」いました。筆者にとっては、授業は教師がつくって、学習者が受け取るものではなく、両者が「いっしょにつくる」ものだということを身をもって感じた体験でした。「協働の学びの場」は教師がつくって、学習者に与えるものではなく、教師と学習者が「いっしょにつくる」ものだということです。

ピア・リーディングは、現在、筆者が提案したコンセプトや方法とは異なった形で、いろいろな場で実践されています。それぞれの実践者が何をめざすか、また、どんな学習者を対象とするか、などの違いにより、方法は変わってくると思います。たとえば、石黒編(2018)では、ピア・リーディングの実践例が紹介されていますが、接続詞などに注目することによりテキストの流れや構成に注意が払われています。

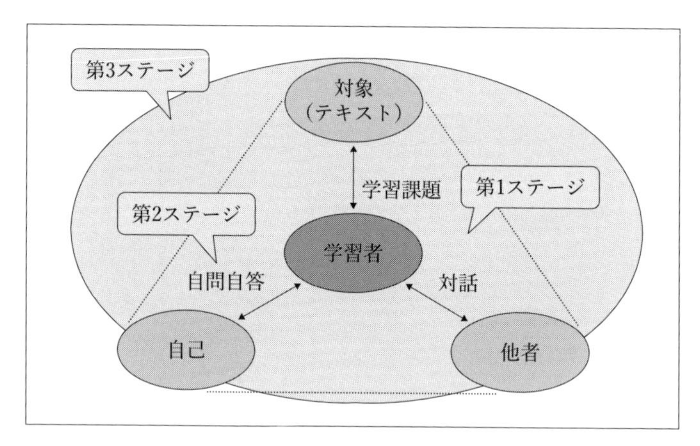

図９　ピア・ラーニングが提供する学びの場—第３ステージ

ピア・リーディングはピア（仲間の学習者）を介在させて自分の理解や考えを振り返る装置であり、また協働して理解を構築していく装置でもあります。最終的には仲間とともに自分自身の学びを深め、拡張することをめざしています。読むという個人的な認知活動を教室というひとつの社会における協働的な営みに転換することによって、読むことによる学び方が変わってきたといえるでしょう。みなさんもぜひそれぞれの現場でピア・リーディングを工夫していってください。

注

1　フォーマル・スキーマ（formal schema）

文章構造に関する読み手がもっている一連の知識をフォーマル・スキーマと呼んでいる。文章がどのように展開するかに関する知識である。それに対して、テキストの内容に関する知識をコンテント・スキーマ（content schema）と呼ぶ。

2　テキストベース（textbase）

Kintsch（1986、1998ほか）は、テキストの内容について構成された表象をテキストベースと名づけた。読み手はテキスト内容を命題に分析し、一貫性のある全体的な意味へとまとめあげるが、このときに構成された表象をさす。それに対して、テキストの内容を含んだもっと広い知識の状況によって構成された表象を状況モデル（situation model）と呼んでいる。

参考文献

有田佳代子（2004）「日本語教員養成入門科目におけるジグソー学習法の試み」『日本語教育』123号　pp.96–105.

石黒圭編著　胡方方・志賀玲子・田中啓行・布施悠子・楊秀娥（2018）『どうすれば協働学習がうまくいくか―失敗から学ぶピア・リーディング授業の科学』ココ出版

大島弥生（2009）「ジグソー型ブックトークを通じた日本社会に関する知識の構築」『言語文化と日本語教育』第37号　pp.82–85.（第37回日本言語文化学研究会ポスター発表要旨）.

仮屋園昭彦・丸野俊一・加藤和生（2001）「情報統合型議論過程の解釈的研究」『鹿児島大学教育学部研究紀要（教育科学編）』52　pp.227–257.

朱桂栄・砂川有里子（2010）「ジグソー学習法を活用した大学院授業における学生の意識変容について―活動間の有機的連携という観点から」『日本語教育』145号　pp.25–36.

砂川有里子・朱桂栄（2008）「学術的コミュニケーション能力の向上を目指すジグソー学習法の試み」『日本語教育』138号　pp.70–79.

舘岡洋子（1996a）「文章構造の違いが読解に及ぼす影響―英語母語話者の日本語評論文の読解」『日本語教育』第88号　pp.74–90.

舘岡洋子（1996b）「文章構造と要約文の型―原文の文章構造はどのように要約文に反映されるか」『アメリカ・カナダ大学連合日本研究センター紀要』19　pp.29–51.

舘岡洋子（1999）「テキスト・読み手・外部リソースの相互作用」『アメリカ・カナダ大学連合日本研究センター紀要』22　pp.1–24.

舘岡洋子（2000）「読解過程における学習者間の相互作用―ピア・リーディングの可能性をめぐって」『アメリカ・カナダ大学連合日本研究センター紀要』23　pp.25–50.

舘岡洋子（2001）「読解過程における自問自答と問題解決方略」『日本語教育』第 111 号 pp.66–75.

舘岡洋子（2003）「読解授業における協働的学習」『東海大学紀要　留学生教育センター』第 23 号　pp.67–83.

舘岡洋子（2005）『ひとりで読むことからピア・リーディングへ—日本語学習者の読解過程と対話的協働学習』東海大学出版会.

舘岡洋子（2006a）「協働的学習はいつも学び合いになるか—学びにつながる協働的学習を考える」『高見澤孟先生古希記念論文集』pp.81–92.　高見澤孟先生古希記念論文集編集委員会.

舘岡洋子（2006b）「読解授業における教師主導と協働的学習— 2 つのアプローチから協働の教室デザインを考える」『東海大学紀要　留学生教育センター』第 26 号　pp.33–48.

舘岡洋子（2010）「多様な価値づけのせめぎあいの場としての教室—授業のあり方を語り合う授業と教師の実践研究」『早稲田日本語教育学』7 号　pp.1–24.　http://hdl.handle.net/2065/29807（2022 年 3 月 2 日閲覧）

舘岡洋子（2012）「テキストを媒介とした学習コミュニティの生成—二重の対話の場としての教室」『早稲田日本語教育実践研究』1　pp.57–70.　http://hdl.handle.net/2065/34125（2022 年 3 月 2 日閲覧）

西林克彦（2005）」『わかったつもり—読解力がつかない本当の原因』光文社.

早野香代（2021）「Zoom と Moodle によるジグソー学習法の実践」『日本語教育』180 号 pp.49–63.

プレスタイム行動科学実践研究会（1996）「匠の里」『Creative Human Relations』Vol. II pp.193–218. Press Time.

三宅なほみ（2004）「コンピュータを利用した協調的な知識構成活動」杉江・関田・安永・三宅編『大学授業を活性化する方法』 pp.145–187.　玉川大学出版部.

Aronson, E. and Patnoe, S.（1996）*The Jigsaw Classroom: Building Cooperation in the Classroom.* New York: Addison–Welsey Longman.

Kintsch, W.（1986）Learning From Text. *Cognition and Instruction*. 3（2）: pp.87–108.

Kintsch, W.（1998）*Comprehension: A Paradigm for Cogniton*. Cambridge: Cambridge University Press.

Mehan, H.（1979）*Learning Lessons–Social Organization in the Classroom*. Harvard University Press.

第６章　ピア・ラーニングの実現に向けた教師の養成と研修

6.1　ピア・ラーニングのための教師養成

第５章までピア・ラーニングの理論と実践について述べてきました。そこで、第６章では、日本語教育においてピア・ラーニングを実践する上で教師には何が必要か、という観点から、教師養成および現職教師対象の研修について考えてみたいと思います。

まず本節では、ピア・ラーニングの実施に向けて、教師養成段階ではどんな教育プログラムが必要かについて、実践例を交えて検討してみたいと思います。

6.1.1　ピア・ラーニングの特徴と教師養成

どんな授業でも日本語教師のもつべき資質には共通のものがあると思います。ピア・ラーニングは教室における学習者同士の協働を生かした学び方ですが、ピア・ラーニングだからといって特殊な何かが必要というわけではなく、教師として必要な基本的な資質は変わらないでしょう。

そこで、ピア・ラーニングの教師養成の前に、そもそも日本語教育において教師養成とは何をすればよいのか考えてみましょう。文化庁文化審議会国語分科会（2018）の「日本語教育人材の養成・研修の在り方について（報告）」では、日本語教育人材の役割について初任から中堅、中堅からベテランに至るまでの段階別および活動分野別に求められる資質・能力がリスト化されました。翌2019年には活動分野を増やし、改訂版が出ています。この中で、「日本語教師」については、養成・初任・中堅の３段階に分け、養成段階としては、「日本語教師を目指して日本語教師養成課程等で学ぶもの」とされています。では、養成段階ではどのような資質・能力が必要とされるのでしょうか。文化庁文化審議会国語分科会（2019）では、「日本語教育人材に共通して求められる基本的な資質・能力」および「専門家としての日本語教師に求められる資質・能力」（p.22）について示した上で、養成段階に求められる知識・技能・態度がリスト化され示されています（p.24）。たとえば、3 本柱の「知識」「技能」「態度」について、知識としては、【言語や文化に関する知識】として、「外国語に関する知識、日本語の構造に関する知識、そして言語使用や言語発達、言語の習得過程等に関する知識を持っている。」などです。また、技能としては、【教育実践のための技能】として、「日本語教育プログラムのコースデザイン・カリキュラムデザインを踏まえ、目的・目標に沿った授業を計画することができる」などがあげられています。態度としては、【言語教育者としての態度】として「日本語だけでなく多様な言語や文化に対して深い関心と鋭い言語感覚を持ち続けようとする。」などがあげられています。ここに記載したものは、ほんの一部ですので、ぜひ報告書をご確認ください。

このようなリストは、具体的にどんな資質・能力が必要となるのかを文言で示したという意味で意義のあるものだといえるでしょう。では、ここに示された養成課程で必要とされる日本語教師の資質・能力を備えたとして、さらにピア・ラーニングを行う教師ならではの能力とはどのようなものでしょうか。

第 5 章までの内容を振り返ってみて、ピア・ラーニングを実践する上での課題は何かというと、授業の動態性をどのように扱うかということではないかと思います。教師が十分な授業準備をし、展開の予想をして授業にのぞんでも、実際には、想定したとおりの展開にならないのは、ピア・ラーニングも他の授業も同様でしょう。しかし、ピア・ラーニングでは学習者の主体性を引き出し、学習者同士のやりとりを重視するために、教師の想定内に収まらない範囲が広いというか、予測からはずれる揺れ幅が大きいのではないかと思います。管理をある程度、手放しているのですから、この揺れ幅の大きさは当然のことだといえます。そのときに、その揺れをどのように受け入れるのか、受け入れた上でどのように授業を「いっしょにつくっていく」のかが重要だと思われます。しかし、これは経験のある教師にとっても易しいことではありませんし、また、マニュアル化できるようなものでもありません。だからこそ、養成課程においては、実習生が教師の立場でこの動態性を受け入れ「いっしょにつくっていく」ことを実際に体験し、この体験から自分なりの気づきを得ていくことが重要でしょう。

6.1.2 「いっしょにつくる」とは

動態性を受け入れ「いっしょにつくる」とはどういうことでしょうか。本書の第 5 章の 5.6 において、「ピア・リーディングの進化」について述べました。はじめは他者との協働的な活動を重視していたピア・ラーニング授業も、自身の内省を深めるために「自分の問題として考える」という活動を行うようになり、さらには「教師と学習者がいっしょに授業をつくる」ようになったという進化のプロセスを書きました。この「いっしょにつくる」ということは、ピア・リーディングの活動が進んでいく中で、より主体性を発揮し、協働性を生かすようなデザインとなっていったということであり、教師がつくり与え、学習者が受け取り消費するということではなく、いっしょに新しいものをつくっていく動きとなっていったわけです。ここでの教師の役割は場をデザインし、そこに学習者たちを誘い、学習者たちの学びを促す役割から一歩進んで、いっしょに場をつくっていく一員となっています。

このことは、井庭編 (2019) で井庭らがいうところの「ジェネレーター」と同一のものではないかと思われます。井庭は、ここ 100 年の変化を 3 つの C で表しています。すなわち、消費社会 (Consumption)→情報社会 (Communication)→創造社会 (Creation) です。消費社会における学びは「教わることによる学び」であり、情報社会における学びは「話すことによる学び」であり、創造社会における学びは「つくることによる学び」であると述べています

(p.484)。そして、これからは、誰もが創造的に「つくる」ことに参加する社会となり、「つくる」ことを重視した「クリエイティブ・ラーニング」が重要になってくると主張しています(p.12)。「つくることで学ぶ」教育では、教師の役割も変わってくるわけで、井庭は、このときの教師のことを、ティーチャーやインストラクターではなく、ファシリテーターでもなく、いっしょにつくることに参加する「ジェネレーター」というべき存在となると述べています。「ジェネレーターは、生徒・学生たちとともに創造的活動に取り組む一人のメンバーとなり、一緒に「つくる」ことに参加する。その「つくる」活動のなかで、そのときどきで必要なことを教え、自らも「つくる」ために手を動かし、その実践を見て生徒・学生も学んでいく」と説明しています(p.16)。

ピア・ラーニング実施のための養成課程においても、実習生は教案を書きその台本に沿って決まったことを間違いなくこなしていくのではなく、授業の動態性の中で、学習者や他の実習生、また担当教員とみんなで「いっしょに授業をつくる」ことを体験することによって学びを得ることができるのではないでしょうか。そのときの教師は「いっしょにつくる」ことに参加する「ジェネレーター」といえるでしょう。

6.1.3　実践例による検討

ここからは実際に筆者が日本語教育を主専攻とする大学院の教師養成プログラムにおいて「いっしょにつくる」ことをめざして行ったピア・ラーニングのための実習授業について述べます[1]。

6.1.3.1　実践の対象となる授業

はじめに本節の対象となる同一大学内の2つの授業、つまり実習先の日本語授業と教師養成授業について簡単に説明します。

ひとつ目の授業は、大学内の留学生向けの日本語授業で、「クリティカル・リーディング」(以下、CR)という名前の授業です。CRは中級日本語学習者を対象としており、仲間の学習者との協働により、日本語で書かれたテキストを批判的に読みます。他者との対話を通して筆者の主張に対する自分の考えを明確にし、自分とテーマとの関係を考えることを通して、テキスト理解および他者理解、自己理解を深めることを目標としています。1つのユニットは、(1)テキストを読んで理解する→(2)テキストのテーマを自分の問題として考える→(3)自分の考えを表現するという3ステップで構成され、どの活動もグループでの討論を中心としています。この授業では、授業は教師がつくって学習者に与えるものではなく、動きの中で両者がいっしょにつくっていくものだというコンセプトに支えられています。

もうひとつの授業は、日本語教育を主専攻とする大学院に設置された「実践研究」という名前の授業です。この授業の履修者は実習生として上述のCRにおいて留学生に日本語を教えるという実践に従事します。「実践研究」という授業では、学習環境としての教室をどのような「場」と捉えるのかを検討しつつ、ピア・ラーニングの授業デザインを考え、実践し、それを振り返ることによって、自身の日本語教育観を明確にし、現場にあった教育実践を考え、実現する力量を身につけることをめざしています。

上記で述べた2つの授業をとおして、日本語学習者同士の協働、学習者と教師および実習生の協働、実習生間の協働など協働の場が複層的に設定されていることにより、参加者たちが授業を「いっしょにつくる」という構造になっているといえるでしょう。

実習生は、大学院修士課程の学生ですが、日本語教師経験が皆無の者もいれば、数年の経験を経ている者もいます。実習生はCRという実習先の授業で、教師役として授業をしたり、学習者側に座ってグループ活動に参加したりしますが、主に大きく以下の4つの役割を担います(図1参照)。

①授業の実践者：実習生はチームを編成し、授業をデザインし、実践し振り返ります。

②授業の参与観察者：日本語学習者といっしょに授業に参加しながら、学

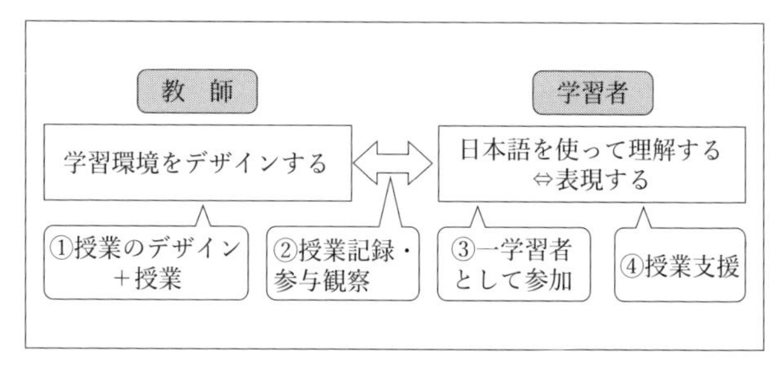

図１　実習生の役割

習活動および教授活動を観察します。

③一学習者：学習者といっしょにグループをつくりグループの一員として対話活動をします。

④学習の支援者：学習者の横で必要に応じて学習支援をします。

1学期全15回の授業を4つのユニットに分け、実習生は2-3人でひとつのチームを作り、「教師」チームとしてひとつのユニットをデザインし、授業を行います（上記の①）。教師チーム以外の実習生は日本語学習者といっしょに一参加者としてグループ活動に参加し、参与観察を行います（②③）。また、必要に応じて学習支援もします（④）。実際には①は授業担当者がデザインのたたき台を作るものの、実習生全員と担当教員とで協働的に検討することになります。

実習生たちの中には、先述のとおり、教師経験がほとんどない者から中堅あるいはベテランと言われる者までおり、母語話者も非母語話者もおり、年齢幅も大きく、「養成課程」と言えないかもしれません。しかし、授業のすべてを協働的な活動を中心にゼロからつくった経験者はほとんどおらず、手探り状態で授業をつくるという点では共通しているといえるでしょう。

6.1.3.2　実習生の4つの役割からの学び

実習生たちの学びについて、先にあげた4つの役割ごとに検討してみましょう。

まず、②授業の参与観察者としては、一参加者としてグループ内で学習者の隣に座り学習者といっしょに対話活動をすることによって、学習者のことばの学習の実態をつぶさに観察することになります。学習者にとってどんなことがわかりにくいのか、何に躓いているのかを直接知ることができます。特に養成段階の実習生にとっては、学習者の日本語レベルの把握が難しく、目の前の学習者がどんなことができそうか、何が難しいのかを想像することが困難なため、実際に体験と結びつけて学んでいくことが必要でしょう。また、ひとたび現場に出てしまうと教師にとってこのように学習者の側に立っての観察の機会は決して多くはありません。学習者の隣にいて観察することは教壇から見えるものとも異なっています。この観察はことばの学習のプロセスを理解する上で、大変重要かつ必須のプロセスではないでしょうか。さらに、③一参加者として学習者と同じ側で授業に参加することによって、学習者の視点から教師の言動、指示のしかた、説明などを聞くことになり、どんな説明がわかりやすいのか、どんな教師でありたいのかなどを考える機会となるでしょう。

また、④の学習支援プロセスは、まさにスキャフォールディングの仕方を体験的に学ぶことであり、また学習者の発話を促すファシリテーションの力を養うことでもあります。グループ活動の中で実習生はどこまで仕切るのか、指示するのか、支援するのか、あるいはなるべく何もしないのか、毎回、具体的な目標を立てながら体験の中で試行錯誤しつつ学ぶことになります。

③④は学習者側に立ち、学習者体験あるいは学習者の支援者としての体験をし、②はその中間体として観察をするわけですが、①は教師として授業実践そのものを体験することになります。実習生にとって、実際に教壇に立って（最近はオンライン授業のケースも少なくありませんが）ゼロから最後まで授業をしてみるという体験は大きな学びとなります。そして、授業を実施する前に「何をめざして」「何を」「どのように」進めるのかを仲間の実習生と対話を重ねてつくっていくプロセスでの学びも教壇での体験に劣らず大き

なものとなります。実際の授業担当時間の何倍もの時間をかけて授業デザインを検討していくプロセスで、実習生同士の価値のぶつかり合いを体験することになります。ある活動を提案したときには、「なぜ、あなたはこの活動をしたいのか」「私の提案する活動よりよいと思うのはなぜか」「この活動によってどんなことばの力がつくのか」「そもそも日本語が上手になるとはどういうことか」等々が問われ、これらの問いをぶつけ合うことは、他者との異なりの中でまさに自身の日本語教育観を明確にする契機となるでしょう。振り返りでも多様な視点からコメントをもらい、自身が求めているものをあらためて問い直すことになります。授業のデザインから実施、そして振り返りまで、ひとりで行うのではなく他者の視点を交えて行うプロセスは、まさに授業を「いっしょにつくる」プロセスであり、実習生同士および担当教員も含めた教師グループ間のピア・ラーニングでもあります。また、①②③④の役割はたえず交代しながら、ときに同時に行われるという意味でも、授業をつくる側と受け取る側の二項対立を越えて、「いっしょにつくる」ことが起きやすくなっているでしょう。

6.1.3.3 養成課程でどこまで学べるか―「専門性の三位一体モデル」からの考察

ここまで実際の事例を紹介しながらピア・ラーニングにおける教師養成を考えてきました。実習生たちは、大学院修了後にどこかの日本語教育フィールドで活動することになったときに、果たして上記のCRで経験したことを生かすことができるのでしょうか。実際には、実習生として経験したフィールドと同じフィールドで仕事をするわけではなく、そもそも同一のフィールドがあるわけではありません。では、養成課程では何をすればよいのでしょうか。

ここで、舘岡(2019)および舘岡編(2021b)における「日本語教師の専門性」の議論を参考にしてみたいと思います。専門性について、舘岡(2019)および舘岡編(2021b)では、「専門性の三位一体モデル」を提案しています。簡単にいうと、日本語教師の専門性とは、「どんな日本語教育を実現したいのかといった自身の理念（日本語教育観）とどんな特徴をもったフィールド（ことばの教育現場）なのかといったフィールドの固有性との間で最適な方法を編成し実現できること」とする新たな枠組みであり、理念とフィールドと方法は三位一体だという主張です（舘岡編 2021b: 104）。この枠組みにあてはめて考えると、実習授業でも、フィールド、つまり、自分が担当する CR のクラスの置かれている状況や学習者たちのことを十分に把握した上で、自身の日本語教育観をどう実現できるのかを考え、適切な活動や具体的な方法をデザインできるようになることが求められています。CR というフィールドはどのようなフィールドなのか、実際に学習者とともに課題に取り組みながら参与観察する中で、学習者および学習プロセスさらには学習者が置かれている文脈を理解します。そして、自身がめざす日本語教育観に照らし彼ら彼女らにとって適切な方法を考案します。しかし、自身の日本語教育観が初めから明確なわけではないことも多いでしょう。日本語教育観がないわけではないが、意識化されていないといったほうがよいかもしれません。そのような中で、前述のように実習生同士の対話の中で、自分がやろうとしている活動の意味が問われ、自分がめざすものが問われ、否応なく意識化させられるわけです。そして、方法についても、このような動態的な授業実践に不慣れな実習生にとっては、たくさんの引き出しの中から適切なものをその場その場で即座に選択するというわけにはいきません。しかし、何をめざした授業なのか、何が CR のフィールドには適切なのかを実習生がチームとなって一生懸命考える中で、ユニークなアイディアがたくさん生まれます。こうして、実習生たちもフィールドの意味を問い、自身の日本語教育観を問い、適切な方法を工夫する、という三位一体のサイクルを体験することになります。

先に述べたように、CR はもちろんのことどんなフィールドでも同じフィールドはありえず、この経験が直接的に転移することはまずないといってよいでしょう。むしろこの過程で自身の日本語教育観を問い直したり、学習者の学習プロセスに合わせた方法を検討したりすることで、理念とフィールドと方法の一貫性を体験的かつプロセス的に学ぶことにこの「実践研究」

授業における実習の意味があると考えます。現代のような激動の時代においては、身につけたはずの知識や技能もすぐに陳腐化してしまいます。また、多様化が進んでいる中ですべてのケースを事前に知っておくことはできません。だからこそ、どこに行っても理念とフィールドと方法の一貫性を問い続け、その都度、フィールドにふさわしい実践を編み出し続けられることこそ専門家であるために必要なことではないでしょうか。

6.1.4. おわりに—仲介者としていっしょにつくる

養成課程の担当者がなすべきことは何でしょうか。実習生たちはこれからどんなフィールドで教えるのかわかりませんし、そもそも日本語を教えるという仕事をするかどうかもわかりません。一方で、社会はものすごいスピードで変化し、それぞれのフィールドで必要とされるものも今のままではないでしょう。しかし、自身の日本語教育の理念とフィールドとの間でどのようなことばの学びの場をデザインすることができるのかといった三位一体の内省のサイクルは、今後、どんな場においてもいつでも日本語教育専門家として実践できることではないでしょうか。そして、この内省のサイクルに他者の視点を入れ、ことばを使ってことばの活動の場をいっしょにつくるという経験は、異なった視点、異なった価値観をもった人と共に生きる社会において必要不可欠なことでしょう。どんな社会をつくろうとしているのか、社会の一員としてなにをするのか、ことばを使って人びととつながりながらその活動の場をいっしょにつくっていくことがピア・ラーニングが実践できる教師の養成課程で行うべきことではないかと考えています。

ピア・ラーニングの養成課程でいっしょにつくるプロセスを学んだ人には、これからの社会においてそれぞれの多様性を生かし合うために、仲介者として異なった人々を積極的につなぎ、参加者たちといっしょにことばの学びの場をつくっていってほしいと期待しています。養成課程における実践が、そのための一歩となる実践になってほしいと考えています。

6.2　ピア・ラーニングのための教師研修

自律的で主体的な学習者を育成しようという教育改革の課題は、すでに10年以上前から学校教育に限らず様々な教育的な場面で取り組まれてきました。しかし、2022年の現在でもまだ「主体的な学習者の育成」や「活動型の授業づくり」などは特定の取り組み課題として、また、教師研修のテーマとしても掲げられています。つまり、こうした授業づくりの課題を教師たちは知ってはいるものの、自分自身の教育実践上では「当たり前」の域に至ってはいないのでしょう。

ごく最近のこと、私はこの現状を確認するような場面に遭遇しました。ある高校での自由課題研究の発表会で、生徒グループのひとつが「授業中のストレス」というテーマで、教師側と生徒側にアンケートを行った結果を報告しました。彼らの報告によれば、教師側のストレスの上位は、「生徒が授業中に寝ていることがある」「質問をしてもしっかり答えられない」「学習意欲が見られない」という内容だったのに対し、生徒側の授業ストレスの上位は「ペアワークやグループ活動を先生がなかなかやらせてくれない」「授業中に自由な話し合いの時間が少ない」「面白い授業にしてくれない」という結果でした。私(池田)は思わずそこにいた教師たちに目をやってしまいました。すると、そこには苦笑する教師たちの姿がありました。しかし、考えてみるとこの調査報告は、教師たちが教室で多少なりとも活動型、参加型の授業を試みていることの証拠でもあります。活動に参加した生徒たちの多くが活動の意義を実感しているのに、教師にはそのことが伝わらないためにその授業はうまくいかなかったと判断しているのかもしれません。あるいは、教師は自分自身の学習経験を成功体験として長く確信してきたために、どうしても「教え込み学習」の教育観から抜け出せず、目の前の生徒たちの学びの姿を冷静に観察することができないのかもしれません。

私が実施してきた現職教師対象の「ピア・ラーニング」研修の参加者から

は、いつも次のような声が聞こえてきます。

①「ピア・ラーニングの授業をすると、今の教科書が全部終わらなくなる。」
②「先生がきちんと教えないと学生は不安になってしまう。」
③「学生をグループにしても積極的に話さない。」
④「学生は話し合い活動の前に宿題をやってこないので、活動がうまく進まない。」
⑤「グループで話し合うように指示しても、学生はすぐに私に質問してくる。」
⑥「話し合いをさせてもすぐに関係のない話で盛り上がる。」
⑦「話し合い活動はレベルの高い学生は不満になり、低い学生は発言せず黙っている。」
⑧「話し合いをさせると、日本語を使わないで母語で話してしまう。」
⑨「グループにすると真面目に学習しているかどうか、教師が把握できない。」
⑩「ピア・ラーニングの授業では成績の評価の仕方が分からない。」

このような教師たちの声に対し、私から現場教師たちに提示できる適切なアドバイスはないのかもしれません。私が自分自身の授業実践について考案してきたオリジナル方策はいくつもあります。しかし、私の実践現場とは異なる環境や対象者をもつ教師たちにとって、私のオリジナル策などは、ある程度のヒントになることはあったとしても、求められる画期的な提案や有効な解決策そのものではありません。そうなると、教師たちの問題提起に対し、私からは「それはどうしてでしょうかね。」と返すことになってしまいます。ただ確かなことは、このような質問をされる教師たちはみな自分の教室や学生たちの学習をより良くしたいと強く思っているということです。だからこそ忙しい時間を調整してまで研修の場に足を運び、熱心に参加し、実践で抱えている悲痛の思いを訴えるのでしょう。では、自分が抱えている問題の解答が即座に得られない教師研修の場に教師が参加することに、いったいどのような意味があるのでしょうか。教師たちは何を目的として教師研修の場に参加したらいいのでしょうか。

6.2.1　現職者のための研修参加の目的

これまで、日本語教師のための教師研修といえば、日本語教育学会や日本語教育関連の研究会、教師会、あるいは特定の教育機関（国際交流基金や各大学、日本語学校等）が主催、共催で単発的に実施してきたものが大半だと思われます。各大学内に日本語教師養成コースや学部、学科が設置される以前には、現職者を対象とした長期研修も多くありましたが（日本語教育学会、国立国語研究所、国際交流基金他）、現在では海外現職者を対象とした中期、長期研修（国際交流基金）があるぐらいで、長期に渡る日本語教師研修は最近ではほとんど見られません。私たちはこれまで首都圏や地方で単発的に開催される日本語教師研修において「ピア・ラーニング」をテーマとして実施してきました。しかし、そうした単発的な研修に参加してくださる教師たちのその後のことは、私たち研修講師はほとんど把握してきませんでした。正直言えば、「○○地域の教師には研修したから、きっと今ごろは教室でピア・ラーニング授業を実践してくれているだろう」と勝手に想像していました。さらには「もしかしたら、参加してくださった近辺の教師たちにも広がっているかもしれない」とまで脳天気な期待を膨らますこともありました。ところが実際には、数年後に過去の参加者と再会してみると、彼らから聞かされる事実は、「あの参加の後でピア・ラーニングを早速試みたのですが、うまくできないので諦めてしまいました」、「今も一人でもがきながらなんとか頑張っていますが、なかなかうまくいかなくてずっと悩んでいます。だから今回もまた参加しました」など、私たちの期待とは違う現実に向き合うことになります。ピア・ラーニングへの転換をすでに諦めた方にも、一人で頑張っている方に対しても、私たちは研修講師としてのメッセージの伝え方が適切ではなかったこと、研修後の支援の必要性についても気づかされます。

舘岡（2021a: 64–65）は、これまでの日本語教育の教師研修の課題を次の3

つだとしています。

1）課題1：ノウハウ志向

参加者の研修参加目的がノウハウ獲得であった場合、講師の提供する事例は、限られた経験の中からのものであり、参加者個別のフィールドの実践とはむすびつかない場合が多い。

2）課題2：継続性の欠如

単発の研修が多く、研修の場での気づきをどう継続するのかが課題となる。

3）課題3：個人限定的な学び

研修に個人参加することが多く、個人の能力進捗に寄与するが、職場のコミュニティの進化には影響を及ぼさない。

これまでの教師研修では、新たな知識や情報を現場の教師たちに提供することだけが目的となっていたのでしょう。そのため、参加した教師たちは研修で知ったことをそのまま実践すれば自分の実践は改善できると信じてしまいます。実は、研修で得た知識や情報は、自分の実践現場を改善するための手がかりでしかなく、教師が自ら自分の現場を継続的に改善する努力をしていく必要があったのです。そのためには、実践現場を共有する仲間教師や同じように改善を目指す別の実践現場の教師と協働していく場をもつことが有効なあり方です。舘岡（2021a）は「互いの研鑽を共有し教師コミュニティ自体が変化していくことは持続的な学びの場を保障することになる。つまり、教師個人の進化のためにも、教師が属するコミュニティの進化が必要であり、個人とコミュニティは相補的な関係にある（p.65）」と述べています。

このように教師研修とは、教師たちが抱えている様々な問題を解決してくれる即効性の高い解答が用意されている場などではなく、教師が自分自身の実践の中の課題に気づき、その解決のための手がかり（他の事例など）を見出し、自分を取り巻く実践現場の改善という視点でその課題を捉え直す始点となる場なのではないでしょうか。

6.2.2　研修参加から教師コミュニティづくりへ

自らが抱える実践の課題に取り組もうとする日本語教師たちに最も必要となってくるのは、その取り組みのプロセスを他の教師たちと共有することだと思います。つまり、教師にとっても協働の学びが必要なのです。

ピア・ラーニングの概念を知り、頭で理解し、自らの実践に反映させていこうとするとき、自らの実践を通じて、これが自分にとってどのような有用性があり、どのような意味があるのかを新たな概念に照らし合わせながら価値づけていくことになります。このときに、自分だけでこの課題に向き合って考えていこうとすると、これまでの自分がもっていた教育への確信との間に齟齬が生じるたびに不安や疑念がわいてくることでしょう。そうした不安や疑念は改善のプロセスには当然の現象なのですが、このプロセスを他者と共に進むことで、他者との対話により、不安や疑問を客観的に捉え直し、新たな課題として深めることができるので、共に前へ進むことができるのだと思います。仲間との対話により実践を検討し合うことは、教師自身が協働の学びを実体験することであり、協働学習への新たな確信の再構築プロセスを進むための有益な方法です。個々の教師が、こうした教師同士の協働の学びの意味に気づき、この学びの始点を発見することを、教師研修参加の目的とするのはどうでしょうか。私がこのような提案をする理由は、私たちが現職者向け教師研修を10数年にわたって実施してきた中で、研修参加が「教師コミュニティ生成」のきっかけとなっていた実例をいくつも見てきたからなのです。

ピア・ラーニングの研修の中では、その基盤理論や協働の理念について解説し、私たちの実践事例の紹介や参加者による学習体験、授業計画の作成体験もします。しかし、紹介した学習活動例や授業実践例の紹介は、あくまで特定の教室や特定の学習者を対象としたものであり、そのまま参加者各自の実践現場に応用しても有効性があるかどうかは分かりません。なぜなら、各参加教師の目の前にいる学習者たちと紹介した教師とは同じではないからです。ピア・ラーニングの現職者対象の研修において講師側からの狙いは、参加教師たちが自分自身の目の前の学習者を対象とした実践を深く探り、これをもとに自ら授業改善に取り組むための手がかりを掴んでもらうことです。また、研修において教師自らが他の教師と協働して学んでいく場作りのきっかけを得ることが重要だと気づいてもらいたいのです。

私たちは教師研参加者に対し、「ここへの参加で、今後の実践改善のために取り組む手がかりを得ることと、それを実現していく仲間づくりの方法を学ぶことを目標としてください」と明示的に言うことにしています。また、研修参加後にも講師側から何か支援の可能性(情報や相談の機会)はないかを、直接問いかけるようにもしています。たとえば、この研修後に実施予定の研修会情報や参加者の今後の具体的な実践目標となるような提案(研究発表の場や論文の投稿先の案内など)をしています。研修後は、参加者がピア・ラーニングを継続的・発展的に実践していくために教師が一人で奮闘するのではなく、常に他の実践者と協働して改善課題に取り組む必要があることを理解してもらいたいのです。

特に海外の教育現場で日々の実践をしている教師たちの中には、職場でたった一人の日本語教師として働くケースが非常に多いです。しかも、海外では教師が学ぼうとするにも参考書も資料も入手には限りがあります。そのような教師たちにこそ、教師研修の場を仲間の教師たちと自らの実践上の課題を解決するために他の参加者とのつながりを持つ機会だと思ってほしいのです。

6.2.3 教師のための学び合いコミュニティ生成

舘岡(2021a: 63–82)では、従来の教師研修が教師個人に対して知識や技能の獲得の場としてあったのに対して、「対話型教師研修」を提案しています。これは研修に参加した教師たちに対し、その後の継続的な「学び合いのコミュニティ」の生成をめざすことを意図する研修です。ピア・ラーニングをテーマとする教師研修では、私たちはこの対話型教師研修を心掛けてきました。これまで国内外で講演や研修を通じて、多くの現場教師たちにお会いしてきましたが、とくに海外の教師たちの中には、研修に参加してそこでつながりをもった仲間教師たちと学びの場づくりを積極的に呼び掛ける意欲的な教師も見かけます。海外の日本語教師たちは日本国内ほどには恵まれた環境ではありません。しかし、そうした海外状況の中で、現場教師たちの日本語教育にかける情熱によって、実践の改善、新しい取り組みを着実に進めている方の姿も見てきました。

こうした経緯があり、すでに海外各所に協働実践研究のための拠点ができています。海外拠点設立の経緯については『アジアに広がる日本語教育ピア・ラーニング―協働実践研究のための持続的発展的拠点の構築―』（協働実践研究会・池田玲子編　2021年　ひつじ書房）に詳しく紹介していますのでご参照ください。海外に協働実践研究の拠点が設立されることにより、現地の教師たちが仲間教師とつながりやすくなり、実践の改善はますます継続的に発展的になるでしょう。そうなれば、日本での実践事例ではなく、現地の教育環境により即した示唆的な事例がその場で共有され、新たなアイディアも生み出され、さらに発展していくと思います。

こうした海外の学び合いの拠点では、その場限りの情報提供や情報交換の場としてはなく、次の段階へと展開する教師の学びのプロセスをつくり出す必要があります。そうすることで、常に異なる教室環境や対象者に適合する授業づくりを追究する現場教師たちの学びに貢献すると考えるからです。だからといって、初めて研修で出会う他の教師たちとの協働は、いつでもどこでもうまく始められるものではありません。

このように考えてくると、現地に構築される教師コミュニティにとって、日本から招聘される私たちのような研修講師からの支援は、コミュニティ形成のある時期までは有効性があるのかもしれません。その際、そのある時期までの外部支援を現地とうまくつなぐ役割の存在が重要となってきます。研修現地側の研修コーディネータの役割であり、現地と研修講師とをつなぐ

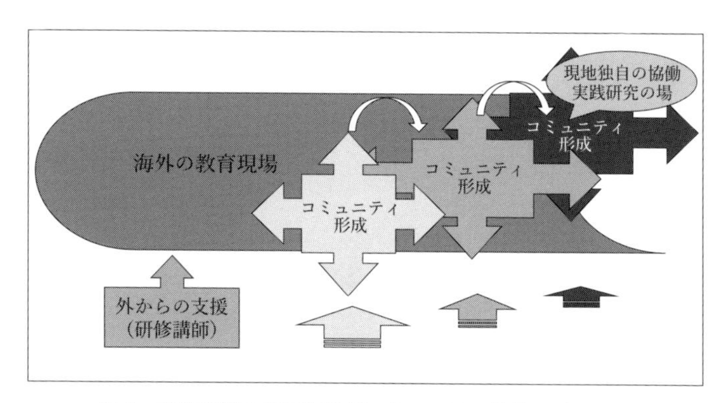

図２　研修講師の支援と教師コミュニティ構築のプロセス

「ハブ」の役割が果たせる存在です（舘岡 2021a）。やがて現地コミュニティが自律的に機能を果たすようになるまで、外部の研修講師の支援と現地の拠点生成プロセスの関係は次の図２のようなイメージとなります。

図２が示すように、教師の学びの機会である教師研修は、教師たちが日々の実践をしていく限り必要な場です。そうした教師の実践のための学びは、常に目の前の学習者と実践を行う教育環境を無視してなるものではありません。どんな学習者にもどんな教室でも有効な授業などあり得ず、しかも学習者も教室も常に可変的で予測不可能なものです。そうした可変的な教育現場において、教師はいかに学習者それぞれの学びに貢献する支援ができるかを追究していくために、教師にとって「継続的な教師研修」は不可欠なものとなってきます。

6.2.4　オンライン研修の可能性

2020 年から世界中を襲った新型コロナウィルス感染症蔓延の現象は、日本語教育にも大きな影響を与え、国内外で実施予定だった教師研修が当初はほとんど中止せざるを得ない状況となりました。しかし、間もなく人々の営みの随所にネットワーク環境が整い出し、授業や会議をはじめ様々な会合やイベントもオンライン実施へと変更していくことになりました。国内外の日本語教師研修もまたオンライン実施の方法をとるようになりました。ただ、これまで「ピア・ラーニング」をテーマとする教師研修では、実際に教師自身に学習者体験や教師の学び合い体験を通してピア・ラーニングを理解してもらおうとする部分が大きく占めていたので、これがオンライン実施となった場合にはどのようにしたらいいのか、どの部分が実施可能で、どの部分が不可能なのかなど、実施側も大いに悩みました。

ところが意外なことに、オンライン研修では不足なことばかりではなく、むしろオンライン研修だからこそできることがありました。それは、前節6.2.1で舘岡（2021a）が指摘した課題の2)「継続性の欠如」と3)「個人限定的な学び」への有効な対応ともいえます。つまり、これまでの教師研修が抱えていた問題をオンライン研修が、これらの課題に対する解決策のひとつとなりそうなのです。

オンライン研修の利点は何かといえば、研修講師が空間的移動をしなくても実施できる点です。そのため実施に伴う煩雑な課題を回避できるからです。とくに、海外で開催する研修では通常ならば、渡航手段、日程調整、現地滞在方法、会場の確保や設営等が必要となります。しかも、これらが研修の実施経費ともなり、実施先の事情によっては参加者への負担部分となっていることもありました。ところがオンラインになったことで日程調整の容易さだけでなく、その他ほとんどの事前準備項目が不要となります。さらに、参加者も出先や自宅から参加できるので、研修参加もしやすくなります。こうしたオンライン研修の利点から、課題であった研修の継続性と個人限定的な学びへの対応策が可能となりました。

具体的にひとつの事例を紹介します。コロナ禍となる直前の日本語教育ではベトナム人留学生と労働者の急増現象がありました。しかし、ベトナムの日本語教育現場では日本語教師不足と教師の教育能力育成が大きな課題となっており、教師研修の要請の高い地域でした。そこで、私たちもベトナムでのピア・ラーニングの教師研修を開始しており、現地での教師コミュニティ構築への取り組みを進めようとしていたところでした。これを急遽、オンライン実施に変更したところ、期せずして新たな教師研修が実現しました（近藤ほか 2021）。オンライン教師研修はベトナムの２つの大学の日本語教育組織ごとに行った研修でした。この実施から見えてきたのは、２つの新たな研修のあり方です。

1）研修を単発的な実施ではなく、複数回の実施とした。半年、あるいは１年間以上の期間をあらかじめ設定し、教師は研修で得た情報をもとに即座に自分の実践現場で試行する。それを教師自身が振り返り、分析し、次の研修で報告するという長期的な学びのサイクルを設定する。

2）同一実践現場を共有する教師たちが複数でオンラインに参加する形式にしたことで、研修での学びをもとに、職場仲間と協働的に学び合う職場環境づくりを進めていくという改善目標を設定する。

このように、オンライン実施により、教師たちの自己研修を継続的に支援することができ、そのことにより教育改善のための教師の学び合いの場となる教師コミュニティの構築への働きかけが可能となります。

オンラインでの研修がこれまでの課題解決のひとつの道筋を開いたともいえます。オンラインによる継続的な研修の実施や特定の実践現場の改善を目的とする研修の実施においては、これまでの単発的研修の場合に存在した研修コーディネータの役割はさらに重要となります。研修講師側と実施先、参加者集団を長期間にわたってつなぐ「ハブ」の役割を担うことになるからです。ただ、オンライン研修ではやはり不十分な部分があることも事実です。たとえば、研修の中でその場の参加者全体で学習体験し、そこでの気づきを共有した上で、各自の実践に試行しながら検討を重ねていくプロセスで協働的に学び合うといったことはオンライン上では容易ではありません。こうした課題部分も含めて、オンライン研修と対面研修とをうまく組み合わせた教師研修のあり方を模索していくことになるのでしょう(近藤ほか 2022)。

以上、第 6 章ではピア・ラーニング授業で学習者の学びの支援の役割を担う教師の養成をどう行うか、日本語教師として実践現場で取り組む教師たちが、日々の実践で抱える問題を発見し、よりよい教育実践へと改善していくことの支援となる教師研修とはどのようなものかについて述べてきました。

注

1　本節は舘岡(2021c)の報告をもとに、大幅に加筆したものです。

参考文献

井庭崇編(2019)『クリエイティブ・ラーニング―創造社会の学びと教育』慶應義塾大学出版会.

近藤彩・桑原和子・神村初美・池田玲子(2021)「ベトナム人日本語教師を対象としたオンライン長期型研修モデルの提案―ベトナムでの協働学習の可能性」2021 年日本語教育学会秋季大会　パネル発表.

近藤彩・桑原和子・NGUYEN THI HUONG TRA・DANG THAI QUYNH CHI・池田玲子(2022)「活動型ビジネス日本語教育への展開と課題―ベトナム人教師研修の観点から」『専門日本語教育』 第 23 号　pp.91–98.

舘岡洋子(2019)「「日本語教師の専門性」を考える―「専門性の三位一体モデル」の提案と活用」『早稲田日本語教育学』26　pp.167–177.　http://hdl.handle.net/2065/00062888

舘岡洋子(2021a)「教師提供型教師研修から対話型教師研修へ―自律的な学び合いコミュニティの創成へ向けて」、協働実践研究会・池田玲子編『アジアに広がる日本語教育ピア・ラーニング―協働実践研究のための持続的発展的拠点の構築』pp.63–70.　ひつじ書房舘岡洋子編（2021b）『日本語教師の専門性を考える』ココ出版.

舘岡洋子（2021c）「「いっしょにつくる」専門家養成教育—日本語授業「クリティカル・リーディング」の学習環境デザインから」（特集　早稲田の日本語教育専門家養成を振り返る—実践の視点から）『早稲田日本語教育学』第31号　pp.27–31.
https://waseda.repo.nii.ac.jp/?action=pages_view_main&active_action=repository_view_main_item_detail&item_id=66906&item_no=1&page_id=13&block_id=21

文化庁文化審議会国語分科会（2018）「日本語教育人材の養成・研修の在り方について（報告）」
https://www.bunka.go.jp/koho_hodo_oshirase/hodohappyo/__icsFiles/afieldfile/2018/06/19/a1401908_03.pdf（2022年10月15日閲覧）

文化庁文化審議会国語分科会（2019）「日本語教育人材の養成・研修の在り方について（報告）改訂版」
https://www.bunka.go.jp/seisaku/bunkashingikai/kokugo/kokugo/kokugo_70/pdf/r1414272_04.pdf（2022年10月15日閲覧）

おわりに

みなさん、本書を読まれてどのように感じられたでしょうか。私たちはこの本を手にとってくださった方々が、「よし、やってみよう！」と早速、ピア・ラーニングを実践してくださることを心より願っています。本書を閉じるにあたって、最後に3つの点について述べたいと思います。第1に、まずやってみよう、ということ、第2に、実践と研究は一体であるということ、第3に教師も協働しよう、ということです。

第1に、みなさんに早速、ピア・ラーニングを実践してみていただきたいと思います。本書は実践のための本です。どのように実践したかを書くとともに、工夫した点、試行錯誤した点を意識的に書いたつもりです。ここでの実例は筆者たちの学生、筆者たちの教室というそれぞれ固有の場での工夫ですから、当然、異なった学生、異なった教室ではこのとおりに行っても違った結果となるでしょう。何をしたかよりも、むしろどういう場ではどう工夫したのかという点を汲み取っていただければと思います。きっと皆さんの学生、みなさんの教室での工夫は、みなさんでなければ出てこないものだと思います。さあ、まずやってみましょう。

第2に、実践を行ったら、その後でぜひ振り返り、当初目指したものが実現できたのかどうか評価し、さらなる改善と工夫をしていってほしいと思います。失敗したからこそ見えてくるもの、失敗から学ぶことがたくさんあります。目指すべきところへ向けて、実践を振り返り内省し改善に結びつけるプロセスこそ研究といえるでしょう。研究というのは、精緻華麗に理論づけることができるもの、棚の上にあって実践の場で応用するものと考えられがちですが、そうではないと思います。実践を振り返り次なる実践に生かしていくプロセスこそ研究だと考えると、実践と研究はバラバラのものではなく、一体化したものになるでしょう。

第3に、以上に述べたことを実行するために、教師同士が協働することはとても重要なことだと思います。自分の実践や研究を他者から見えるように可視化し仲間の教師に外化（開示）することは、互いに学び合う機会を作ることであり、また自分自身を意識的に振り返ることでもあります。これこそは、教師のピア・ラーニングだと言えるでしょう。ひとりでは出てこなかった視点やアイディアを得ることもできますし、互いに励ましあうこともできます。本書を作る過程でも筆者の2人は互いに協働し、多くのことを学びました。2人が協働できなければ、本書は生まれなかったと思います。

今回、本書を改訂するにあたって、第6章としてピア・ラーニングが実現できる教師の養成および研修の章を新たに設けました。今まで筆者たちは多くの実習生や現職教師たちとピア・ラーニングについて考えたり実践したりする場を作り、試行錯誤を重ねてきました。その一部をここに掲載しました。これから皆さんご自身の教室に合ったピア・ラーニングをどしどし工夫し、実施してほしいと思います。

皆さんのよりよい教室作りのために、そして創造的な学びの環境のデザインのために、本書が少しでもお役にたつことができれば、筆者たちの望外の喜びです。

2022年4月　　舘岡洋子

索　引

A～Z

あ

い

う

え

お

か

き

く

け

こ

著者紹介

池田玲子（いけだ　れいこ）　はじめに・1章・2章・4章・6.2節

鳥取大学教育支援・国際交流推進機構国際交流センター教授。

お茶の水女子大学大学院人間文化研究科博士後期課程修了。博士（人文科学）。専門は日本語教育学、日本語表現法。小、中、高等学校の教員を経て、1992年より拓殖大学言語文化研究所附属日本語センター、2001年よりお茶の水女子大学、2004年より東京海洋大学大学院海洋科学技術研究科、2014年より現職。

【主要著書】

『共生時代を生きる日本語教育―言語学博士上野田鶴子先生古稀記念論集―』（共著　凡人社　2005年）、『ピアで学ぶ大学生の日本語表現［第2版］―プロセス重視のレポート作成―』（共著　ひつじ書房　2014年）、『ビジネスコミュニケーションのためのケース学習―職場のダイバーシティで学び合う【解説編】―』（共著　ココ出版　2015年）、『日本人も外国人もケース学習で学ぼう―ビジネスコミュニケーション―』（共著　日経HR　2020年）、『アジアに広がる日本語教育ピア・ラーニング―協働実践研究のための持続的発展的拠点の構築―』（編著　ひつじ書房　2021年）。

舘岡洋子（たておか　ようこ）　3章・5章・6.1節・おわりに

早稲田大学大学院日本語教育研究科教授。

早稲田大学大学院教育学研究科博士後期課程修了。博士（学術）。専門は日本語教育学、言語教育学、教師教育学。1987年よりアメリカ・カナダ大学連合日本研究センター、2001年より東海大学留学生教育センターを経て、2007年より現職。

【主要著書】

『Formal Expressions for Japanese Interaction―待遇表現―』（共著　The Japan Times　1991年）、『ひとりで読むことからピア・リーディングへ―日本語学習者の読解過程と対話的協働学習―』（東海大学出版会　2005年）、『プロセスで学ぶレポート・ライティング―アイデアから完成まで―』（共著　朝倉書店　2011年）、『読解教材を作る（日本語教育叢書「つくる」）』（共著　スリーエーネットワーク　2012年）、『協働で学ぶクリティカル・リーディング』（ひつじ書房　2015年）、『日本語教育のための質的研究入門―学習・教師・教室をいかに描くか―』（編著　ココ出版　2015年）、『日本語教師の専門性を考える』（編著　ココ出版　2021年）。

ピア・ラーニング入門　改訂版―創造的な学びのデザインのために

An introduction to Peer Learning, Revised Edition
Reiko Ikeda and Yoko Tateoka

発行　2022年11月9日　初版1刷
（2007年5月21日　初版1刷　（2015年10月15日　3刷））
定価　2400円＋税

発行者　松本功
装幀　高橋歩
印刷製本所　三美印刷株式会社
発行所　株式会社 ひつじ書房
〒112-0011 東京都文京区千石2-1-2　大和ビル2階
Tel.03-5319-4916　Fax.03-5319-4917
郵便振替 00120-8-142852
toiawase@hituzi.co.jp　https://www.hituzi.co.jp/

ISBN978-4-8234-1172-4　C3081